Ayurveda

Das ganzheitliche Programm
für Ihr Wohlbefinden

Wichtiger Hinweis:

Dieses Buch wurde nach dem aktuellen Wissensstand sorgfältig erarbeitet. Dennoch erfolgen alle Angaben ohne Gewähr. Der Verlag haftet nicht für eventuelle Nachteile und Schäden, die aus den im Buch gemachten praktischen Hinweisen resultieren. Die in diesem Buch enthaltenen Ratschläge ersetzen nicht die Untersuchung und Betreuung durch einen Arzt. Vor Durchführung einer Selbstbehandlung sollte ein Arzt konsultiert werden, insbesondere wenn Sie an Gesundheitsbeschwerden leiden, regelmäßig Medikamente zu sich nehmen oder schwanger sind.

Bildquellennachweis:

Corel, Ontario/ce: 44
creativ collection, Freiburg/Breisgau: Miniaturen 4, 5, 15–37, 44–47
Maharishi Ayur-Veda Zentrum, Bad Ems: 3, 50, 53, 54; Miniaturen 5, 48–54
MEV, Augsburg: 7, 8, 19 o., 38, 47 r., 48; Miniaturen 4–14, 88–96
Parkschlößchen Bad Wildstein, Traben-Trarbach: 60; Miniaturen 5, 72–87
PhotoPress, Stockdorf/München: 9, 11, 12, 14, 15, 16, 18, 19 u., 20, 23, 24, 25, 26, 27, 28, 34, 35, 37, 39, 42, 45, 46, 47 l., 49, 62, 63, 75
VEMAG, Köln: 6, 55, 56, 57, 58, 59, 72, 73, 74, 76, 77, 78, 79, 81, 82, 84, 85, 86, 87; Miniaturen 4, 5, 25–43, 55–61
Michael Wollert: 64, 65, 66, 67, 68, 69, 70, 71; Miniaturen 5, 62–71
Umschlagmotive: jump, Hamburg; MEV, Augsburg; PhotoPress, Stockdorf/München

Gesamtherstellung: Naumann & Göbel Verlagsgesellschaft mbH, Köln

ISBN 3-625-10575-6

Ayurveda

Das ganzheitliche Programm für Ihr Wohlbefinden

NAUMANN & GÖBEL

INHALT

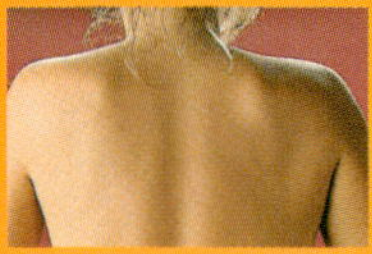

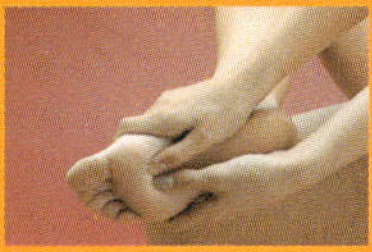

VORWORT

In den letzten Jahren ist der Siegeszug des Ayurveda auch im Westen nicht mehr aufzuhalten. Immer mehr Menschen wählen den ganzheitlichen Weg zu Entspannung und Heilung und leben nach den Grundregeln des Ayurveda – der nach Meinung verschiedener Forscher ältesten uns bekannten medizinischen Lehre. Als ganzheitliche Heilmethode konzentriert sich der Ayurveda auf die Vorsorge und die Gesunderhaltung – nicht auf die Behandlung von Krankheiten.

Ayurveda, die ganzheitliche Naturheilkunde und Ernährungslehre, zeigt auch, wie man zu Schönheit und einem vitalen Leben kommt.

In diesem Buch möchten wir Ihnen die moderne, auf den Westen zugeschnittene Form des Ayurveda vorstellen: den Maharishi-Ayurveda – benannt nach dem indischen Gelehrten Maharishi Mahesh Yogi. Keinesfalls kann unser Ratgeber eine ayurvedische Kurbehandlung mit spezieller Diagnose und individuell angepassten Therapiemaßnahmen oder die Behandlung von schweren Gesundheitsstörungen durch den Arzt oder ayurvedischen Therapeuten ersetzen. Vielmehr möchten wir Ihnen die Grundlagen des Ayurveda und die in der ayurvedischen Lehre aufgezeigte Lebensweise näher bringen. Außerdem stellen wir Ihnen Anwendungen und Techniken vor, die Sie zu Hause leicht nachmachen können und die Ihnen im Alltag zu innerer Ruhe und Ausgeglichenheit verhelfen.

Wenn Sie an einer umfassenden Ayurveda-Kur interessiert sind, dann helfen Ihnen die im Anhang genannten Adressen sicherlich weiter.

WAS IST AYURVEDA?

Der Begriff »Ayurveda« ist ein Wort aus dem Sanskrit, der altinidischen Hoch- und Kunstsprache. Es ist zusammengesetzt aus den Wurzeln »Ayus« für Leben und »Vit« für Wissen. Im Mittelpunkt des Ayurveda stehen Erhaltung und Wiederherstellung der vollkommenen Gesundheit für Körper, Geist und Seele, die in dieser indischen Heilmethode eine Einheit bilden. Die vollkommene Gesundheit kann nach den Lehren des Ayurveda nur dann erreicht werden, wenn zwischen allen Ebenen, also Körper, Geist und Seele, ein Gleichgewicht besteht.

Bei der ayurvedischen Medizin handelt es sich um ein umfangreiches Gesundheitssystem, das weniger die Behandlung spezieller Krankheiten bedeutet als eher einen auf einer bestimmten Lebensauffassung beruhenden Umgang mit Körper und Geist.

Dieser besondere Umgang beinhaltet die folgenden Komponenten:

- Entgiftung (Panchakarma)
- Richtige Ernährung
- Yoga-Übungen
- Anwendungen mit Kräutern und Massagetechniken
- Meditation und Gebet

Der Mensch – ein Mikrokosmos im Makrokosmos

Doch der Ayurveda beschäftigt sich nicht nur mit der Gesundheit, sondern auch mit der Beziehung des Menschen zum Höheren, zum Kosmos. Nach der Lehre des Ayurveda ist unser persönliches Wohlergehen untrennbar mit der Gesundheit von Natur und Umwelt verbunden.

Der Mensch stellt sozusagen einen Mikrokosmos im Makrokosmos dar. Er ist ein kleines, aber vollständiges Abbild des großen kosmischen Gebildes. So beeinflusst alles, was auf den Menschen wirkt, auch den Makrokosmos.

Herkunft und Geschichte des Ayurveda

Der Ayurveda ist eine östliche Heilmethode mit jahrtausendealter Tradition. Sie wird heute vor allem in Indien und Sri Lanka praktiziert. Viele Forscher gehen davon aus, dass der Ayurveda die älteste uns bekannte medizinische Lehre darstellt – sie ist älter als die chinesische und viel älter noch als unsere abendländische Medizin. Wegen dieser alten Tradition und der mannigfaltigen Inhalte vermutet man, dass der Ayurveda der Ursprung aller medizinischen Lehren ist.

Die Veden

Die erste Niederschrift des Ayurveda findet man in den Veden. Sie gelten nicht nur als die ältesten Belege der indischen Kultur und Heilkunde, sondern als die ältesten überlieferten Schriften der Menschheit überhaupt. Diese in Sanskrit verfassten Veden beinhalten das vollständige Wissen zum Ayurveda.

Die Veden bestehen aus vier Texten: Die Rigveda ist der älteste Text mit insgesamt 1028 Hymnen. Hier findet man bereits Beschreibungen von Operationen, Prothesen und Wirkungen von über 50 Heilpflanzen.

Dann folgen die Yajurveda und die Samaveda, die 3000 vor Christus geschrieben wurden.

Die Atharvaveda, die ungefähr 1200 vor Christus niedergeschrieben wurde, ist die wichtigste Quelle für den Ayurveda. Hier findet man bereits über 300 Heilpflanzen und viele Therapiemöglichkeiten für die unterschiedlichsten Erkrankungen.

Nach der indischen Philosophie wurde Rigveda bereits tausende von Jahren vor ihrer Niederschrift von den Göttern offenbart. So werden die Veden als zeitlos angesehen und stellen »die in Klang und Form gebrachten Strukturen unseres Bewusstseins« dar.

Ayurveda geht davon aus, dass jedes Geschöpf und damit auch jeder Mensch der individuelle Ausdruck des inneren Bewusstseins ist und in die Einheit von Natur und Kosmos eingebunden ist. Wird diese Einheit aufgelöst und geht das Selbst verloren, entwickeln sich Krankheiten, Probleme treten auf. Verursacht wird dies durch den »Fehler des Intellekts«, im Ayurveda Prakyaparab genannt. Solche Fehler lassen sich vermeiden, wenn man Entscheidungen trifft, die aus der Einheit des Selbst kommen. Damit man sein Inneres wahrnimmt, sollte man versuchen, äußere Einflüsse nicht zu stark zu beachten.

Von damals bis heute

Die Hochphase der ayurvedischen Heilkunst liegt zwischen 200 vor und 500 nach Christus. Die damals von den indischen Heilern beschriebenen Therapiemethoden sind auch heute noch maßgebend für die ayurvedische Diagnose und Therapie. Seit dieser Zeit

ist die »Wissenschaft vom gesunden Leben« Bestandteil der Lehren an den indischen Universitäten.

Im Laufe der folgenden Jahrhunderte ist der Ayurveda allerdings wieder in Vergessenheit geraten. Vor allem als Indien zum britischen Königreich gehörte, also von 1839 bis 1947, hielten westliche Wertesysteme Einzug in die indische Philosophie. Erst mit der indischen Unabhängigkeitsbewegung unter Mahatma Ghandi besann man sich in Indien auf die alten Heilweisen zurück.

Heute besteht in Indien eine feste Verbindung des Ayurveda mit den traditionellen sozialen, geistigen und kulturellen Strukturen. Bei uns gewinnt der Gedanke von der Einheit aus Körper, Geist und Seele erst langsam an Bedeutung. Schließlich spielte in der westlichen Medizin lange Zeit die strikte Trennung von Körper und Geist eine wichtige Rolle.

Der Maharishi-Ayurveda

Die heute im Westen hauptsächlich praktizierte Form des Ayurveda ist die des indischen Gelehrten Maharishi Mahesh Yogi – des Gurus der Beatles und vieler anderer Prominenter. Unter seiner Leitung übersetzten bereits Anfang der 70er Jahre erfahrene ayurvedische Ärzte und Schriftgelehrte die Ayurveda-Originaltexte in die heutige indische Sprache. Westliche Wissenschaftler setzten diese für unsere hier im Westen herrschenden Lebensbedingungen um zum so genannten Maharishi-Ayurveda.

Der Ayurveda als Therapie

Oberstes Ziel des Ayurveda ist es, ein langes Leben ohne Krankheit und ohne Leid zu erreichen sowie geistige Potenziale durch Bewusstseinsentfaltung und spirituelle Weitsicht auszuschöpfen. Der Ayurveda zielt nicht primär darauf ab, Krank-

heiten zu heilen, sondern diese durch gesunde Lebensweise und geistige Beschäftigung fernzuhalten.

Primäres Ziel des bei uns in Europa und in den USA angewendeten Ayurveda ist es, die bestehenden Muster unseres Denkens, Fühlens und Verhaltens zu korrigieren und den Menschen in Einklang mit seinem Selbst zu bringen – dem nach Maharishi-Ayurveda ordnenden und heilenden Ort im Menschen.

Der Begriff »Gesundheit« im Ayurveda

Der ayurvedische Begriff für Gesundheit – Swastha – bedeutet »im Selbst begründet sein«. Grob umschrieben bedeutet Gesundheit im Ayurveda Ordnung, Krankheit dagegen Unordnung. Ordnung und Unordnung befinden sich in unserem Körper in ständiger Wechselwirkung. Nach dem Ayurveda wird man gesund, wenn man die Unordnung in seinem Körper wahrnimmt und versucht, die Ordnung wiederherzustellen.

Alle körperlichen und seelisch-geistigen Funktionen werden von den drei Grundkräften, den so genannten Doshas, Vata, Pitta und Kapha (siehe Seite 18 ff.) gesteuert. Besteht zwischen diesen drei Kräften ein ausgewogenes Gleichgewicht, so sind wir gesund.

Im Ayurveda kennt man drei Ursachen, die zu einem gestörten Gleichgewicht zwischen den drei Lebensenergien Vata, Pitta und Kapha führen können:

- Unsere Sinnesorgane werden überreizt, zum Beispiel durch Lärm, Hektik, falsche Ernährung, zu wenig Ruhe und Erholung, oder ihnen fehlt jegliche Stimulation – wir leben »in den Tag hinein«.

Die acht therapeutischen Disziplinen im Ayurveda

Im Ayurveda gibt es acht therapeutische Disziplinen, die sich auf jeder Ebene ergänzen. Sie beinhalten detaillierte Behandlungsmethoden zu folgenden Gebieten:

- *Chirurgie*
- *Medikamente*
- *Gynäkologie*
- *Kinderheilkunde*
- *Gifterkrankungen*
- *Behandlung von Hals-Nasen-Ohren-Erkrankungen*
- *Verjüngung*
- *Kräftigung*

- Wir benützen Sinne und Geist falsch – zum Beispiel quälen uns negative Gedanken auf Grund zu hoher Erwartungen – und missachten die Signale unseres Körpers.
- Wir vernachlässigen den Einfluss der Zeit (Tages-, Nacht- oder Jahreszeiten-Rhythmus), unseres Alters und unserer Ernährung.

Eine Störung des Gleichgewichts der drei Doshas wirkt sich negativ auf den Organismus aus. Ergreift man jetzt entsprechende Gegenmaßnahmen, beispielsweise regelmäßige Ruhe und Entspannung, Ernährungs- und Lebensumstellung, gelingt es dem Organismus, durch die vorhandenen Selbstheilungskräfte das Gleichgewicht zwischen den drei Doshas wiederherzustellen. Besteht diese Dysbalance jedoch zu lange, reichen die Selbstheilungskräfte des Körpers nicht mehr aus: Man wird krank.

Die sechs Stufen der Dysbalance (Kriyakala)

Bei einem zu lang bestehenden oder einem zu starken Ungleichgewicht können sich die drei Doshas vergrößern oder verkleinern. Dadurch werden die Regulierungsvorgänge gehemmt, blockiert oder zu stark beziehungsweise zu wenig stimuliert.

Nach der Lehre des Ayurveda entstehen organische Symptome in sechs Stufen:

- Stufe 1:
  Auf Grund negativer innerer (endogener) und äußerer (exogener) Einflüsse kommt es zu einer energetischen Ansammlung von einem oder zwei Doshas (Ansammlung).
- Stufe 2:
  Das nun existierende Ungleichgewicht des jeweiligen Doshas verstärkt sich, da die störenden Einflüsse nicht verschwinden. Damit verstärkt sich die energetische Kraft von einem oder zwei Doshas (Verstärkung).
- Stufe 3:
  Die zunächst lokal begrenzte Dosha-Störung beginnt, sich auf andere Körperbereiche auszudehnen. Die energetische Kraft zirkuliert und verbreitet sich (Verbreitung).
- Stufe 4:
  Das entsprechende Dosha setzt sich an einer Stelle des Körpers fest, die energetische Kraft lagert sich ab (Lokalisierung).
- Stufe 5:
  In der Körperregion, in der sich das Dosha festgesetzt hat, zeigen sich die ersten leichten Krankheitssymptome. Diese Symptome können unter ungünstigen Umständen zum akuten Ausbruch der Krankheit führen (Manifestierung).
- Stufe 6:
  Können die Selbstheilungskräfte das Gleichgewicht nicht wiederherstellen, kann die akute gesundheitliche Störung in ein chronisches Stadium übergehen (Folgen).

Ganzheitliche Vor- und Fürsorge

In die ganzheitliche Lehre des Ayurveda fließt der Mensch als Ganzes ein, das heißt sein Bewusstsein, sein Körper, seine Lebensweise und seine Umwelt. Die zwei Säulen des Ayurveda sind die gesundheitliche Vor- und Fürsorge sowie die Stärkung seelisch-geistiger und körperlicher Selbstheilungskräfte.

Was heißt Gleichgewicht?

Für das Verständnis des Ayurveda ist es wichtig, den Begriff »Gleichgewicht« zu definieren. Gleichgewicht bedeutet nicht, dass alle Komponenten zu gleichen Teilen vorhanden sein müssen. Es geht vielmehr darum, eine der einzelnen Persönlichkeit entsprechende, individuelle Balance herzustellen.

Nach dieser jahrtausendealten indischen Lehre kann jeder Mensch durch eine individuelle, gesunde Lebensweise seine Gesundheit auf Dauer erhalten. Zu dieser gesunden Lebensweise gehören die richtige Ernährung, Selbsterkenntnis, Bewusstseinserweiterung und der Respekt vor den Naturgesetzen. Sollte das innere Gleichgewicht auf Grund exogener oder endogener Einflüsse einmal gestört werden, steht nicht mehr Vor- und Fürsorge, sondern das Heilen im Mittelpunkt.

Auf Grund seines ganzheitlichen Ansatzes wirkt Ayurveda heilsam bei chronischen und psychosomatischen Leiden, für deren Heilung die klassische Schulmedizin mitunter keine Lösungen bietet.

Der gesunde Weg

Lernen Sie durch die ayurvedische Lehre, ernährungs- und stressbedingte Faktoren zu erkennen, die zu einem Ungleichgewicht Ihrer Doshas geführt haben, ihnen entgegenzuwirken und zukünftig auch zu vermeiden. So hilft Ihnen Ayurveda dabei, Ihr Leben so umzustellen, dass Sie erheblich zufriedener und ausgeglichener sind als früher.

DIE GRUNDLAGEN DES AYURVEDA: DIE FÜNF ELEMENTE UND DIE DREI DOSHAS

Alles im Universum, auch der Mensch, besteht aus Energie (Prahna). Wir sind ein Bündel schwingender Energie, die sich ständig verändert. Nach dem grundlegenden Glauben des Ayurveda müssen wir so leben, dass nahezu alle Energieveränderungen für uns positiv verlaufen, das heißt, wir müssen die Energiebalance stets unterstützen.

Der Sinn des Lebens

Im Ayurveda wird Leben als die Einheit von Körper, Geist, Seele und der Sinnesorgane definiert. Nur durch diese Kombination oder diese Gesamtheit kann Leben nach der indischen Philosophie existieren. Nach der ayurvedischen Lehre besteht der Sinn des Lebens darin, Dahrma (Tugend), Artha (Fülle), Karma (Freude) und Moksa (Erlösung) zu erreichen. Dies gelingt aber nur, wenn Körper und Geist gesund sind, das heißt eine Balance der

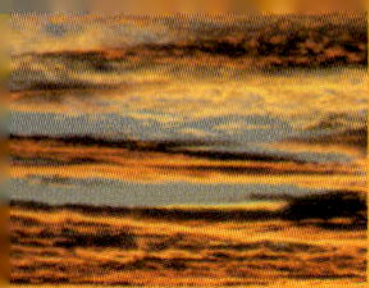

drei Doshas besteht. Glück bedeutet, nicht an einer mentalen Krankheit zu leiden und über Jugend, Stärke, Potenz, Wissen und sehr gut funktionierende Sinnesorgane (Augen, Nase, Mund, Ohren, Haut) zu verfügen. Wenn wir diesen Zustand des Glücks erreicht haben, werden alle unsere Anstrengungen von Erfolg gekrönt sein. Man kann sein Leben so planen, wie man es möchte.

Damit unterscheidet sich der Glücksbegriff der ayurvedischen Lehre deutlich von dem unserer westlichen Welt. Für uns bedeutet Glück zwar auch Gesundheit, doch stehen hier materielle Werte wie zum Beispiel Geld, ein Haus oder ein Auto stark im Vordergrund.

Die Theorie der fünf Elemente

Nach der ayurvedischen Philosophie besteht das Universum aus den fünf ewigen Elementen, nämlich:

- Raum, Äther
- Luft
- Feuer
- Wasser
- Erde

Diese fünf Elemente – oder auch ewigen Elemente – nennt der Ayurveda Mahabhutas. Sie verbinden sich mit der Seele, um so Leben zu schaffen. In allen Dingen, den lebenden und nicht lebenden, – also auch in unserem Körper – sind diese fünf Elemente enthalten. Die Zusammensetzung der fünf Elemente definiert beim Einzelnen dessen unverwechselbaren Charakter. Sie bestimmen die Besonderheiten seines Körpers, seine Schwächen und Stärken.

In den Mahabhutas existieren die folgenden fünf Qualitäten:

- Sapta (Klang)
- Sparasa (Berührung)
- Hopa (Sehkraft)
- Java (Geschmack)
- Ganha (Geruch)

Mit unseren fünf Sinnesorganen nehmen wir diese fünf Qualitäten wahr.

Je empfindlicher Ihre Sinne sind, umso genauer nehmen Sie wahr, was Ihnen gut tut und was nicht. Lernen Sie, auf Ihre Sinneseindrücke wie zum Beispiel Geschmack oder Geruch zu vertrauen, und Sie leben gesünder, denn Ihr Körper weiß genau, was er im Moment braucht.

Die fünf Elemente und die fünf Qualitäten (bzw. Sinne) und Sinnesorgane stehen wie folgt zueinander in Beziehung:

- Raum und Klang
- Luft und Berührung
- Feuer und Sehkraft
- Wasser und Geschmack
- Erde und Geruch

Beim Menschen können die fünf Elemente verschiedenen Körperregionen oder -funktionen zugeordnet werden. So korrespondiert der Raum mit den Körperhöhlen (Mund, Nasenlöcher, Brustkorb, Bauch, Atmungstrakt, Zellen). Die Luft steht für Muskelarbeit, Puls sowie Ausdehnung und Kontraktion von Lunge und Darm. Sogar die Bewegung der Zellen wird mit der Luft assoziiert. Das Feuer kontrolliert die Arbeit der Enzyme und treibt

somit das Verdauungssystem und den Stoffwechsel an. Wasser findet man im Blut und im Speichel, in den Verdauungssäften, den Schleimhäuten und in der Zellflüssigkeit. Die Erde verkörpert die festen Körperstrukturen wie Knochen, Nägel, Zähne, Muskeln, Knorpel, Sehnen, Haut und Haare.

Die drei Doshas (Tridoshas)

Jeder Mensch besitzt eine einzigartige Verfassung, die durch die Balance der drei Lebensenergien, der drei Doshas oder Tridoshas, bestimmt wird. Die Sanskrit-Namen der drei Doshas lauten Vata, Pitta und Kapha. Nach der ayurvedischen Lehre sind sie die wichtigsten Faktoren des menschlichen Organismus und herrschen über unsere Physis und Funktion.

Die Tridoshas lassen sich aus den fünf ewigen Elementen, den Mahabhutas, ableiten.

Durch die folgenden Kombinationen der fünf Elemente (Mahabhutas) entstehen die drei Doshas (Tridoshas):

- Luft und Raum ergeben Vata

❧ Feuer ergibt Pitta

❧ Wasser und Erde ergeben Kapha

Gesundheit, Handeln und Charakter – die drei Doshas sind dafür verantwortlich

Für unsere Gesundheit und unser Wohlbefinden ist es wichtig, dass sich die drei Doshas im Gleichgewicht befinden. Nur in diesem Stadium der Ausgeglichenheit verleihen sie uns Stärke, gutes Aussehen, intakte Organe und auch ein langes Leben. Verlieren die drei Doshas ihre Balance, so entwickelt sich eine Krankheit.

Zustand und Handeln eines jeden Menschen werden von den drei Doshas bestimmt, doch jeder von uns kann auch von einem oder zwei Doshas dominiert werden.

Die Doshas sind nicht nur für unsere Konstitution und eventuell auftretende Krankheiten verantwortlich, sondern auch für unser Temperament, unsere Haarfarbe, unsere Statur und unsere Ernährungsweise. Damit beeinflussen die Doshas während unseres gesamten Lebens alle Bereiche von Körper und Geist.

Vata, Pitta, Kapha – sie herrschen von Anfang an

Jedes Dosha hat seine Aufgabe im Organismus. So verkörpert Vata die treibende Kraft. Es ist mit dem Nervensystem und der Körperenergie verbunden. Pitta symbolisiert das Feuer. Folglich assoziiert man es mit Stoffwechsel, Verdauung, Enzymen, Säure und Galle. Kapha steht für Wasser, das in Schleimhäuten, Schleim, Flüssigkeit, Fett und Lymphgefäßen zu finden ist.

Charaka, der als der erste Internist ayurvedischer Medizin gilt und dessen Lebenszeit in das zweite Jahrhundert vor Christus datiert wird, schrieb in seinem medizinischen Werk: »Vata, Pitta

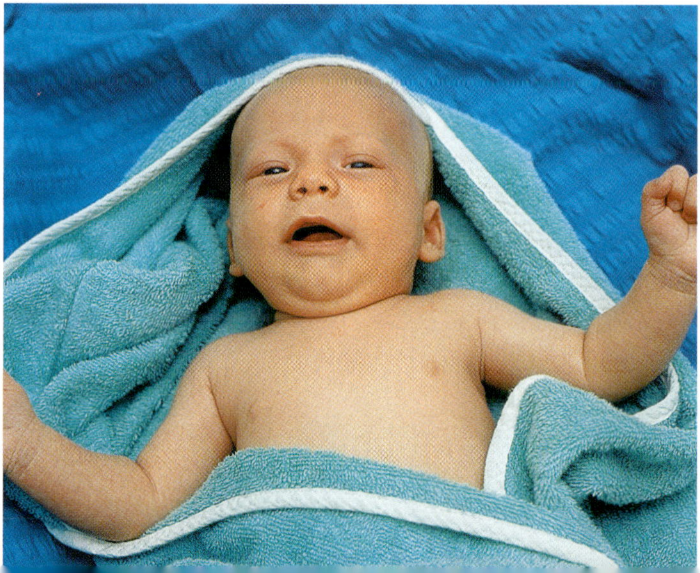

und Kapha bewahren in ihrem ausgeglichenen Zustand die Einheit des lebenden menschlichen Organismus und vermischen sich, um den Menschen zu einem kompletten Wesen zu machen, das seine Endriyas (Sinnesorgane) nutzen kann und im Besitz ist von Stärke, gutem Aussehen und der Sicherheit eines langen Lebens.«

Die drei Doshas bestimmen die Konstitution

Bereits zum Zeitpunkt der Empfängnis bestimmen die Doshas der Eltern die Konstitution des werdenden Menschen. Jedes Neugeborene weist den Status Prakrothi auf. Das bedeutet, dass zum Zeitpunkt der Geburt das für den Betreffenden optimale Gleichgewicht der Doshas herrscht. Im Laufe des Lebens wandelt sich dieser Prakrothi- zum Vikrothi-Zustand, die Doshas geraten aus dem Gleichgewicht. Verantwortlich hierfür sind Ernährung, Umwelt, Stress, Traumata oder Verletzungen.

Gewinnt dieses Ungleichgewicht Überhand oder dauert es zu lange, so können Krankheiten entstehen (siehe Seite 11 f.). Der Ayurveda versucht nun, den individuellen, zum Zeitpunkt der Geburt vorhandenen Prakrothi-Zustand wiederherzustellen.

Auch die Verdauung wird durch das Gleichgewicht der Doshas gesteuert. So fördern Pitta und Kapha die Verdauung und Vata steuert die Beweglichkeit des Darms. Folglich führt eine gestörte Balance zwischen den Doshas zu Magen-Darm-Erkrankungen, beispielsweise Verstopfung, Durchfall, Blähungen oder zu einem Magengeschwür. Aber auch andere Erkrankungen wie rheumatoide Arthritis, Arthrose oder Asthma und Bronchitis sind die Folgen eines gestörten Dosha-Gleichgewichts.

Die drei Energien, die Tridoshas, bestimmen:

- unser äußeres körperliches Erscheinungsbild
- die Funktionsweise unserer Organe
- den Grad unserer intellektuellen Fähigkeiten
- unser individuelles Seelenmuster

Reine Dosha-Typen sind selten

Jeder Mensch kann auf Grund seiner Eigenschaften als Vata-, Pitta- oder Kapha-Typ eingeordnet werden. Die Reinform eines Typs kommt jedoch sehr selten vor. Bei den meisten Menschen findet man Elemente von zwei oder sogar drei Doshas. Folglich gibt es also nicht nur drei, sondern insgesamt sieben verschiedene Typen:

- Vata-Typ,
- Pitta-Typ,
- Kapha-Typ,
- Vata-Pitta-Typ,
- Pitta-Kapha-Typ,
- Vata-Kapha-Typ
- Vata-Pitta-Kapha-Typ

Im Ayurveda kennt man keine schlechten oder guten Eigenschaften, man bewertet neutral. Jeder ayurvedische Konstitutionstyp besitzt Stärken und Schwächen. Kennt man diese Stärken und Schwächen, weiß man auch mehr über die eigene Anfälligkeit für Krankheiten, über die ideale Ernährung, das geeignetste Klima sowie die günstigsten Jahres- und Tageszeiten. So erfährt man auch mehr darüber, wie man sein Leben gestalten sollte und in welcher Beziehung man zu seiner Umwelt steht.

Im Folgenden möchten wir nun die drei Haupttypen beschreiben.

Der Vata-Typ

Der Begriff Vata ist ebenfalls aus dem Sanskrit abgeleitet und bedeutet »sich bewegen« oder »sich begeistern«. Bei den Menschen des Vata-Typs dominieren die beiden Elemente Raum und Luft. Vata ist das stärkste der drei Doshas. Es verteilt

Die wichtigsten Eigenschaften des Vata-Typs auf einen Blick

- *niedriges Gewicht*
- *schmaler Körperbau*
- *Neigung zu trockener Haut*
- *unregelmäßig auftretendes Hungergefühl*
- *unregelmäßige Verdauung*
- *Neigung zu Verstopfung und Blähungen*
- *geringes Schlafbedürfnis*
- *hohe Begeisterungsfähigkeit*
- *gutes Kurz-, schlechtes Langzeitgedächtnis*
- *oft unsicher und ängstlich*

sich über die Sinnesorgane, das Nervensystem und die Körpergewebe. Es ist verantwortlich für den Transport der Nahrung, für die Ausscheidung der Abfallprodukte aus dem Körper und für das Atmen.

Menschen vom Vata-Typ reagieren meist äußerst sensibel auf Veränderungen. Sie sind sehr empfänglich für Anregungen und sind oft überreizt. Sie besitzen einen ruhelosen Geist und haben ein schlechtes Gedächtnis. Ihre körperliche Aktivität und ihre Empfindsamkeit spiegeln sich in ihrer Vorliebe für Sport und kreative Tätigkeiten wider.

Manchmal zeichnen sich Vata-Menschen auch durch ein Übermaß an Vergnügungen aus. Deshalb ist das oberste Gebot für den Vata-Typ, einen regelmäßigen Lebensrhythmus und ausreichend Zeit für Entspannung zu finden.

Krankheiten durch ein gestörtes Vata-Dosha

80 verschiedene Krankheiten sind nach der ayurvedischen Lehre auf ein gestörtes Vata zurückzuführen, von denen wir hier nur die wichtigsten aufzählen. Wegen seiner Neigung zur Trockenheit findet man beim Vata-Typ häufig rauhe Haut, spröde, gerillte Fingernägel und einen trockenen Mund. Rheuma, Gelenkschmerzen, Arthritis, Verstopfung, Herzkrankheiten, Kopfschmerzen, Magenprobleme und Gewichtsverlust gehören ebenfalls zu den typischen Anzeichen für ein gestörtes Vata-Dosha. Ebenso können Muskelverspannungen, Herzbeschwerden, Schwindelgefühl und Nervenschmerzen auftreten.

Schlaflosigkeit, Ängstlichkeit, Depressionen und Unruhe gehören zu den psychischen Problemen des Vata-Typs.

Ursachen für ein gestörtes Vata-Dosha

Verursacht werden diese Vata-Störungen durch bestimmte Verhaltensweisen. Hier stehen an erster Stelle Überaktivität und fehlende Entspannung. Aber auch zu viele emotionale Beziehungen ohne ausreichende Zeit, diese Gefühle auszuleben oder darüber nachzudenken, sowie der Mangel an emotionaler oder familiärer Unterstützung, können das Vata-Dosha aus dem Gleichgewicht bringen. Vata-Störungen werden auch ausgelöst durch kaltes, windiges Wetter, zu starken Verzehr von Blattgemüse oder anderer roher Nahrung und auch durch das Fehlen von Gleichmaß und Routine.

Das ausbalancierte Vata-Dosha

Eine positive Grundstimmung und Ausgeglichenheit sind die Kennzeichen eines ungestörten Vata-Gleichgewichts. Spontaneität und Flexibilität sowie ein klarer, wacher Geist weisen auf ein harmonisches Vata-Dosha hin.

Der Pitta-Typ

Pitta ist ebenfalls ein Wort aus dem Sanskrit und bedeutet »erhitzen« oder »brennen«. Pitta leitet alle biochemischen Abläufe im Körper, einschließlich der Wärmeerzeugung. Dieses

Dosha besteht aus dem Element Feuer. Das Pitta-Dosha verleiht dem Körper Farbe, Glanz und Hitze sowie Verstand, Aufmerksamkeit und Sehkraft. Es bestimmt außerdem die Gefühle Hunger, Durst und Geschmack.

Menschen vom Pitta-Typ sind intelligent und präzise, reagieren aber oft gereizt. Sie geraten leicht ins Schwitzen und meiden deshalb hohe Temperaturen und Sonne.

Krankheiten bei einem gestörten Pitta-Dosha

Durch ein gestörtes Pitta werden 40 Krankheiten verursacht, beispielsweise Fieber oder Untertemperatur, Verschlechterung der Haut in Glanz, Farbe und Aussehen, beeinträchtigte Sehkraft, brennendes Gefühl in der Brust und im ganzen Körper, Schweißausbrüche, Muskelverhärtungen, Nesselsucht, Gelbsucht, Mundhöhlenentzündungen und Bindehautentzündungen. Auch Schlafstörungen, Mundgeruch, schlechte Verdauung und Hautkrankheiten gehen auf das Konto eines gestörten Pitta.

Aggressivität, Dickköpfigkeit und Rücksichtslosigkeit sind Zeichen eines Pitta-Ungleichgewichts auf der seelisch-geistigen Ebene.

Die wichtigsten Eigenschaften des Pitta-Typs auf einen Blick

- *mittlere Größe und Statur*
- *normale, oft sommersprossige Haut*
- *blonde, hellbraune oder oft auch rötliche Haare, die vorzeitig grau werden*
- *deutliche, aber schrille Sprache*
- *leichter, aber ununterbrochener Schlaf*
- *hoher Intellekt*
- *gutes Gedächtnis*
- *Neigung zu Eifersucht und Aggressivität*
- *großer Hunger*
- *gute Verdauung*
- *bevorzugt kalte, süßsaure und scharfe Speisen*

Die Funktionen von Pitta sind:

- *Sehkraft*
- *Verdauung*
- *Wärmeproduktion*
- *Farbgebung des Körpers*
- *Hunger, Durst und Appetit*
- *Elastizität und Geschmeidigkeit des Körpers*
- *alle intellektuellen Fähigkeiten*

Ursachen für ein gestörtes Pitta-Dosha

Verhaltensweisen, durch welche das Pitta-Dosha gestört wird, sind beispielsweise:

- zu warme oder zu viel Kleidung bei hohen Temperaturen
- zu große Hitze
- zu scharf gewürzte Speisen
- exzessiver Alkoholgenuss
- zu wenig Flüssigkeitszufuhr (Wasser)
- zu wenig Aktivität an der frischen Luft
- keine feste liebevolle und sichere Beziehung

Das ausbalancierte Pitta

Innere Ruhe, Zufriedenheit und Ausgeglichenheit sind die charakteristischen Merkmale für ein stabiles Pitta-Dosha. Bei dieser Konstellation erreicht der Pitta-Mensch ein hohes Energieniveau, das seine körperliche Aktivität fördert. Hitzewallungen oder Entzündungen treten in dieser Phase nicht auf.

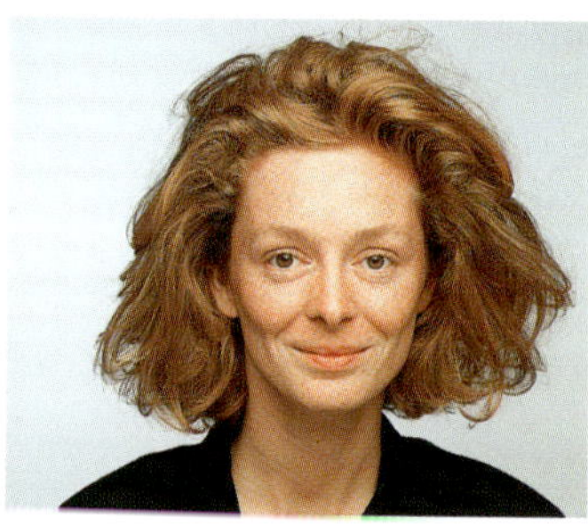

Der Kapha-Typ

Das Sanskrit-Wort Kapha bedeutet »Phlegma«, aber auch »umarmen« oder »zusammenhalten«. Kapha stellt die Quelle für Stärke und Widerstandskraft dar. Nach der ayurvedischen Lehre ist Kapha für den Bau des lebenden Körpers verantwortlich.

Dieses Dosha besteht aus den Elementen Wasser und Erde. Die Kombination dieser Elemente bestimmt auch die im Vergleich zu den anderen beiden Doshas deutlich stabilere Natur von Kapha.

Kapha verleiht dem Menschen Stärke, Weichheit und Zufriedenheit. Dieses Dosha regelt die Zellentwicklung und die Fortpflanzungsfunktion im Körper. Menschen mit einem dominanten Kapha besitzen eine stabile Persönlichkeit und zeichnen sich durch viel Geduld aus. Nur selten geraten sie in Wut. Sind sie jedoch einmal wütend, kann man sie nur schwer beruhigen.

Kapha-Menschen sind ehrenhaft, stehen zu ihrem Wort und lügen nicht. Sie reden langsam und können lethargisch, ja manchmal sogar faul sein. Sie müssen oft von anderen Menschen motiviert werden.

Kapha erzeugt Entschlossenheit, Rundlichkeit, Begeisterung, Weisheit und Potenz.

Das gestörte Kapha-Dosha

20 Krankheiten werden durch ein unausgeglichenes Kapha verursacht. Dazu gehören beispielsweise Magersucht, aber auch Übergewicht, exzessive Schleimproduktion, Atemwegserkrankungen wie Erkältung, Bronchitis oder Nebenhöhlenentzündungen, Verdauungsstörungen, Arteriosklerose, Diabetes, Kropf, Fettleibigkeit und Nesselsucht sowie Schwäche, Anfäl-

Die wichtigsten Eigenschaften des Kapha-Typs auf einen Blick

- *starker Körperbau*
- *oft Übergewicht*
- *blasse, kahle, fettige Haut*
- *dickes welliges, sehr dunkles oder sehr helles Haar*
- *hohes Schlafbedürfnis*
- *langsame Auffassungsgabe*
- *gutes Gedächtnis*
- *ständiger Appetit*
- *ruhig und ausgeglichen*
- *nur schwer reizbar*
- *eventuell habgierig und besitzergreifend*

Die wichtigsten Funktionen von Kapha

- *Aufrechterhaltung der Geschmeidigkeit des Körpers und der Organe*
- *Erhalt der Körperstabilität*
- *Schaffung von Kraft, Geduld und Potenz*
- *Sicherung der Gelenkelastizität*
- *Nachsicht, Mut, Großzügigkeit*

ligkeit für Krankheiten, Impotenz und Sterilität. Aber auch Schläfrigkeit, ein exzessives Schlafbedürfnis sowie Faulheit und Kräfteverlust deuten auf ein Ungleichgewicht des Kapha-Doshas hin.

Auf der geistig-seelischen Ebene findet man bei einem gestörten Kapha-Dosha oft fehlende Antriebskraft und in der Folge davon Depressionen.

Ursachen für ein gestörtes Kapha-Dosha

Verursacht wird ein gestörtes Kapha-Gleichgewicht durch:

- zu wenig körperliche Aktivität
- einen trägen Lebenswandel
- übermäßigen Verzehr süßer Speisen und Getränke
- zu viel Schlaf
- zu viele und zu schwere Mahlzeiten
- kalte Nahrung und Getränke
- nasses Wetter
- feuchte Kleidung
- zu starke Abhängigkeit vom Partner

Das ausgeglichene Kapha-Dosha

Besteht zwischen dem Wasser- und dem Erd-Element ein Gleichgewicht, so zeigt der Kapha-Typ körperliche Stärke. Er hat kräftige Gelenke und besitzt einen wohlproportionierten Körperbau. Mitgefühl, Nachsichtigkeit, Mut, Vitalität und psychische Stabilität sind charakteristisch für ihn.

DIE EINORDNUNG NACH DEN DREI DOSHAS – SELBSTANALYSE

Jeder Mensch ist natürlich einzigartig. Auf Grund dieser Einzigartigkeit erscheint es als nahezu unmöglich, die Menschen in bestimmte Kategorien einzuordnen. Dennoch greift die ayurvedische Medizin auf eine Klassifizierung zurück, um so Informationen über Störungen im Dosha-Gleichgewicht zu erhalten. Dazu wurde ein Test entwickelt, der Ihnen hilft, sich selbst zu erkennen und Ihre Stärken und Schwächen kennen zu lernen.

Indem der Ayurveda die Menschen in sieben verschiedene Konstitutionstypen einteilt, geht er auf ihre wechselnden Bedürfnisse ein und passt sich perfekt ihren unterschiedlichen Ansprüchen an.

Füllen Sie diesen Fragebogen in aller Ruhe aus, doch geben Sie Ihre Antworten spontan. Durch diesen Test erfahren Sie, welcher reine oder gemischte Dosha-Typ Sie sind.

Diese Erkenntnis wird Ihnen helfen, Ihre Handlungen und Reaktionen in bestimmten Situationen besser zu verstehen, gegen bestimmte Krankheiten gezielt vorzugehen und spezielle Maßnahmen zur Gesundheitsvorsorge zu ergreifen.

Die drei folgenden Fragebögen sind für jeden Dosha-Typ konzipiert und bestehen aus Aussagen, die Sie nach drei Kategorien bewerten können: trifft nicht zu, trifft gelegentlich zu, trifft meistens zu.

Die Punkteskala reicht von 0 bis 6. Je stärker die Aussage auf Sie zutrifft, desto höher ist der Wert, den Sie anmerken müssen. Sollten Sie bei der Beantwortung einiger Fragen Probleme haben, richten Sie Ihre Bewertung danach, wie Sie sich in den letzten Jahren gefühlt haben. Beachten Sie auch, dass Sie die Eigenschaften mehrerer Doshas besitzen können.

Zählen Sie schließlich die erzielten Punkte zusammen. Dann vergleichen Sie die Punktzahlen miteinander. So können Sie erkennen, ob ein Dosha oder auch zwei Doshas bei Ihnen vorherrschen, oder ob alle drei Doshas gleich stark ausgeprägt sind. Das Dosha dominiert, bei dem Sie die höchste Punktzahl erreicht haben.

Der Vata-Test

	stimmt nicht		stimmt bedingt			stimmt	
	0	1	2	3	4	5	6
Rascher und leichter Gang							
Mangelnde Entschlussfähigkeit							
Neigung zu Blähungen und Verstopfung							
Schnell kalte Hände und Füße							
Besorgt und ängstlich							
Abneigung gegen kaltes Wetter							
Schnelles Sprechen, sehr gesprächig							
Neigung zu Stimmungsschwankungen, gefühlsbetonte Reaktionen							
Ein- und Durchschlafstörungen							
Neigung zu trockener Haut, vor allem im Winter							
Reger Geist, großer Ideenreichtum, rastlos							
Schnelle Handlungsbereitschaft							
Schlechtes Langzeitgedächtnis, Auswendiglernen fällt schwer							
Lebhaft und begeisterungsfähig							
Leichter Körperbau, keine Neigung zur Gewichtszunahme							
Hohe Aufnahmefähigkeit							
Schnelle Bewegungen, hohe Aktivität, plötzliche Energieschübe							
Leichte Erregbarkeit							
Unregelmäßige Schlaf- und Essgewohnheiten							
Abneigung gegen Zugluft							

Der Pitta-Test

	stimmt nicht		stimmt bedingt			stimmt	
	0	1	2	3	4	5	6
Glatte, seidige, dünne, rote oder rötliche Haare, die schnell grau werden							
Guter Appetit							
Neigung zu Sturheit							
Geregelte Verdauung mit Neigung zu Durchfall							
Nicht sehr geduldig							
Neigung zum Perfektionismus							
Leicht cholerisch, aber nicht nachtragend							
Bevorzugung von kalten Speisen und Getränken							
Sehr direkte und extrovertierte Art							
Unverträglichkeit von scharf gewürzten und heißen Speisen							
Effizientes Arbeiten							
Akkurates und zielgerichtetes Handeln							
Starker Wille und hohes Durchsetzungsvermögen							
Abneigung gegen feucht-heißes Wetter							
Leichte Schweißbildung							
Gereiztheit und Wut kommen schnell vor, sind aber nicht sichtbar							
Überspringen von Mahlzeiten führt zu Unausgeglichenheit							
Toleranz ist nicht sehr groß							
Suche nach Herausforderungen, Hang zu Beharrlichkeit							
Neigung zu Selbstkritik und Kritik							

Der Kapha-Test

	stimmt nicht		stimmt bedingt			stimmt	
	0	1	2	3	4	5	6
Langsames und bedächtiges Handeln							
Selten aus der Fassung geratend							
Gutes Langzeitgedächtnis, Lernen fällt jedoch schwer							
Keine Geldprobleme							
Abneigung gegenüber kaltem und feuchtem Wetter							
Gewellte, dunkle und dichte Haare							
Blasse, glatte und weiche Haut							
Kräftiger Körperbau							
Heiteres, liebevolles und sanftes Gemüt, nicht nachtragend							
Gewicht geht leicht rauf, schwer wieder runter							
Ruhiges und gelassenes Gemüt							
Überspringen von Mahlzeiten fällt leicht							
Neigung zu Asthma, chronischer Verstopfung, Verschleimung oder Trägheit							
Großes Schlafbedürfnis							
Tiefer Schlaf							
Geregelte Verdauung							
Hohe Ausdauer, Widerstandkraft, ausbalancierte Energie							
Langsamer und behäbiger Gang							
Langschläfer, morgens kaum ansprechbar							
Langsames und methodisches Handeln, auch beim Essen							

DIE DREI GUNAS

Ähnlich wie die drei Doshas die Grundbausteine für unseren körperlichen Zustand darstellen, bilden die drei Gunas – Sattva, Rajas und Tamas – die funktionalen Qualitäten unseres Geistes.

Nach der ayurvedischen Lehre sind unsere Charakterzüge genetisch festgelegt. Sie werden von der jeweiligen Dominanz eines der drei Gunas bestimmt. Bei allen Menschen liegt eine bestimmte Mischung dieser drei Eigenschaften vor, aber das dominante Guna definiert die psychische Konstitution als sattvige, rajasige oder tamasige Konstitution.

Wie bei den drei Doshas, so sorgt auch bei den drei Gunas ein ausgewogenes Gleichgewicht für einen gesunden Geist. Geraten die Gunas aus dem Gleichgewicht, kann es zu verschiedenen mentalen Problemen kommen. Interessant ist dabei, dass nur die zwei Gunas Rajas und Tamas die Balance verlieren können, beispielsweise durch Stress oder negative Eigenschaften wie Begierde (Kama), Bosheit (Irsya), Wahn und Halluzination (Moha), Habgier (Lobha), Ängstlichkeit (Sinta), Furcht (Bhaya) und Zorn (Karodha). Das Guna Sattva ist dagegen rein und kann nicht gestört werden.

Sattva

Sattva wird durch Licht, Bewusstsein, Freude und Klarheit beschrieben. Es ist frei von Krankheiten. Die Präsenz von Sattva ist erforderlich für die Aktivität unserer Sinne. Zudem ist Sattva für die Wissensaufnahme zuständig. Zu den charakteristischen Eigenschaften des sattvigen Menschen gehört die Unfähigkeit zu lügen. Menschen vom Sattva-Typ sind immer und überall

Die drei Gunas – Gleichgewicht und Ungleichgewicht

Im Gegensatz zu den drei Doshas, die alle aus dem Gleichgewicht geraten können, ist dies nur bei zwei Gunas, nämlich Rajas und Tamas, möglich. Die Aufgabe des dritten Gunas Sattva ist es dagegen, Gleichgewicht und Ausgeglichenheit aufrechtzuerhalten.

ehrlich. Selbstlosigkeit und Mitgefühl stehen bei ihnen an erster Stelle. Ihre Schwächen sind Stolz und ein Mangel an Demut. Sattva-Menschen arbeiten schwer und uneigennützig, um anderen zu helfen. Sie weisen edle und spirituelle Charakterzüge auf.

In der physischen Konstitution sattviger Menschen findet man meistens ein Kapha-Element entweder als dominantes Dosha oder zusammen mit anderen Doshas: Kapha-Pitta, Pitta-Kapha, Kapha-Vata, Vata-Kapha.

Sattvige Menschen können in sieben Subtypen eingeteilt werden:

- Brahma

  Diesem Typ fehlen Schwächen wie Leidenschaft, Zorn, Gier, Ignoranz oder Eifersucht. Er zeichnet sich durch Wissen und ein ausgeprägtes Unterscheidungsvermögen aus.
- Arva

  Auch hier sucht man vergebens Schwächen wie Stolz, Egoismus, Ignoranz, Gier und Zorn. Dagegen findet man Verständnis, Zurückhaltung, Feinheit, Liebe und Selbstkontrolle sowie ein ausgezeichnetes Gedächtnis.
- Ayindra

  Spirituelles Wissen und Interesse stehen bei diesen Menschen im Vordergrund. Tugend, Tapferkeit und Voraussicht gehören zu ihren Charaktereigenschaften.
- Yamya

  Emotionale Bindungen, Hass, Neid und Ignoranz sind diesen Menschen fremd. Sie haben ein ausgezeichnetes Gedächtnis, sind tatkräftig und haben Führungsqualitäten.

- Varuna
  Sattvige Menschen dieses Typs äußern ihre Gefühle zum richtigen Zeitpunkt. Religiöse Riten sind für sie wichtig.
- Kabera
  Tapferkeit, Geduld, Tugend und Reinheit sind charakteristisch für sattvige Menschen dieses Typs. Sie lieben Erholung und Entspannung, hassen unreine Gedanken.
- Gandarva
  Dieser Typ grenzt sich deutlich von den anderen sechs Subtypen ab. Oft sind diese Menschen reich und lieben den Luxus. Sie wissen viel über Poesie, Prosa und Dichtung. Menschen dieses Typs sind voller Leidenschaft, sie lieben Tanz, Gesang und Musik ebenso wie gutes Parfum und Blumen.

Rajas

Rajas ist das aktivste der drei Gunas. Begehren, Wünsche, Ehrgeiz und Wankelmütigkeit sind auf Rajas zurückzuführen. Rajasige Menschen haben ein eher zorniges Wesen. Sie arbeiten zwar sehr hart, nehmen aber ansonsten das Leben von der leichten Seite. Zwar sind sie nicht unaufrichtig oder verletzen andere bewusst, um aber ihre eigene Haut zu retten, flüchten sie sich gerne in Notlügen.

Rajasige Menschen haben ein kaufmännisches Gespür. Sie können Stärken und Schwächen ihrer Lebens- oder Geschäftspartner sehr

gut einschätzen. Deshalb findet man in dieser Gruppe viele erfolgreiche Geschäftsleute. Rajas-Menschen haben einen hohen Intellekt, bieten aber den Verführungen des Lebens eine große Angriffsfläche.

Sie werden entweder von Pitta dominiert oder haben ein Element von Pitta in ihrer Persönlichkeit: Pitta-Kapha, Kapha-Pitta, Pitta-Vata, Vata-Pitta.

Es gibt sechs verschiedenen Rajas-Subtypen:

- Assora
  Selbstherrlichkeit, Grausamkeit, Neid und auch Rücksichtslosigkeit kennzeichnen diesen Subtyp, der sich gerne verstellt. Mut ist eine seiner Stärken.
- Raksasa
  Auch dieser Typ zeigt Veranlagungen für Neid, Zorn, Intoleranz, Grausamkeit und Gier. Er hat ein ausgeprägtes Schlafbedürfnis und ist träge.
- Paisala
  Feigheit und Einschüchterung anderer gehören zu den charakteristischen Eigenschaften dieses Subtyps. Man findet bei ihm oft abnorme Gewohnheiten.
- Sarpa
  Heftige Reaktionen auf der einen Seite, aber abnorme Trägheit und Ängstlichkeit auf der anderen Seite findet man bei diesem Untertyp. Je nach der gegebenen Situation reagiert er tapfer oder feige.
- Praita
  Exzessive Essgelüste und Habgier sowie das Handeln ohne Unterscheidungskraft kennzeichnen diesen Rajas-Typ.
- Sakuna
  Leidenschaft und Unruhe, aber auch Rücksichtslosigkeit und unmäßiger Appetit sind Kennzeichen dieses Typs.

Tamas

Zu den wichtigsten Eigenschaften von Tamas gehören Schwere und Widerstand. Beeinträchtigungen der Wahrnehmung und der geistigen Aktivität sind auf Tamas zurückzuführen, ebenso wie Wahnvorstellungen, Faulheit und Schläfrigkeit.

Die Routine des Büroalltags oder ein exakter Zeitplan sind für tamasige Menschen ein Graus. Sie bevorzugen ein leichtes, entspanntes Leben. Zigaretten, Alkohol und auch Drogen können für tamasige Menschen eine große Gefahr darstellen. Spannungen oder Auseinandersetzungen und Streit gehen sie aus dem Weg. Hinsichtlich Schmerz und Problemen zeigen sie das stärkste Vermeidungsverhalten unter allen drei Gunas.

Obwohl tamasige Menschen am stärksten mit der Erde verwachsen sind, sind sie unkonventionell und rebellisch. Bei ihnen dominiert Vata: Vata-Pitta, Pitta-Vata, Vata-Kapha, Kapha-Vata.

Es gibt drei Subtypen von Tamas, diese sind:

- Pasava

  Charakteristisch für diesen Typ sind Intelligenzmangel, Unfreundlichkeit, Neid, exzessives Schlaf- und sexuelles Bedürfnis.
- Matsya

  Unstetigkeit, Leidenschaft, aber auch Feigheit kennzeichnen diesen Typ.
- Vanaspathya

  Auch hier stehen Unmäßigkeit und exzessive Gelüste im Vordergrund, ebenso wie mangelnde Intelligenz.

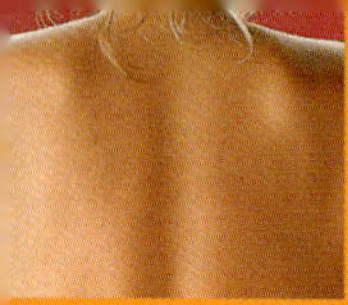

DIE INDIVIDUELLE KONSTITUTION

Die individuelle Konstitution eines jeden Menschen, die einzigartig ist, spielt in der ayurvedischen Medizin eine große Rolle. Definiert wird diese individuelle Konstitution nicht nur, wie schon auf Seite 18 ff. beschrieben, durch die dominanten Doshas, sondern auch durch genetische Faktoren, die Verhältnisse in der Gebärmutter der Mutter, durch Ernährung und Lebensweise der Mutter während der Schwangerschaft und durch die fünf Elemente, die Mahabhutas. Die Konstitution basiert also auf den genetischen Faktoren, die zum Zeitpunkt der Empfängnis festgelegt werden, und auf erworbenen Faktoren, die durch die Erfahrungen der Mutter während der Schwangerschaft definiert werden.

Die individuelle Konstitution ist der Schlüssel dafür, wie anfällig man für bestimmte Krankheiten ist und wie diese verlaufen. Kennt der Ayurveda-Arzt Ihre Konstituiton, kann er erkennen, welche Behandlung bei Ihnen erfolgreich verlaufen wird.

Die Persönlichkeit beziehungsweise die individuelle Konstitution eines Menschen kann bereits vor seiner Geburt bestimmt werden.

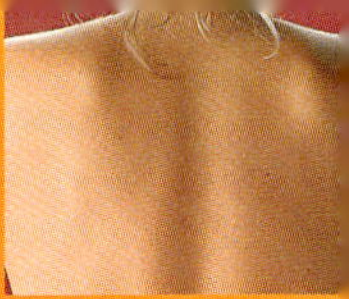

Agni

Mit Agni bezeichnet die ayurvedische Lehre das »biologische Feuer«, das den Stoffwechsel reguliert. Es wirkt sozusagen als Katalysator bei der Verdauung und im Stoffwechsel. Zwischen dem Dosha Pitta und Agni besteht ein enger Zusammenhang. Pitta enthält Agni, also Hitze. Pitta setzt sich im Magen als Agni fest, als das »Feuer des Magens«.

Agni ist sauer, spaltet die Nahrungsmittel auf, regt die Verdauung an. Agni findet man überall im Körper, in jedem Gewebe und in jeder Zelle. Es sorgt dafür, dass das Gewebe ernährt wird und das Immunsystem intakt ist. Stoffwechsel und Enzyme hängen vollständig von Agni ab. Es tötet Mikroorganismen, wie beispielsweise krankheitserregende Bakterien und Toxine in Magen, Dünn- und Dickdarm.

Agni ist aber auch für andere Funktionen verantwortlich, zum Beispiel für Langlebigkeit, Intelligenz, Verständnis, Wahrnehmung und Auffassungsvermögen.

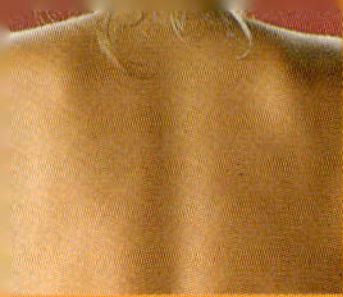

Das gestörte Agni

Arbeitet Agni reibungslos, laufen die Stoffwechselvorgänge wie Zersetzung der Nahrung, Absorption und Assimilation der Nahrung im Körper ohne Probleme ab. Dramatisch wirkt sich jedoch eine Störung des Gleichgewichts der Tridoshas aus, denn dadurch werden das Agni beeinträchtigt und der Stoffwechsel gestört. Das Immunsystem versagt.

Ama

Weil der Stoffwechsel nicht mehr richtig funktioniert, werden Nahrungsbestandteile nicht verdaut und nicht assimiliert. Sie bleiben im Dickdarm und verwandeln sich dort durch chemische Prozesse in eine übel riechende Substanz, die als Ama bezeichnet wird. Ama kann die Gedärme, die Kapillaren und die Blutgefäße verstopfen.

Durch chemische Prozesse verändert sich Ama und produziert Toxine. Diese werden durch das Blut aufgenommen und gelangen über den Blutkreislauf zu verschiedenen Schwachstellen des Körpers. In den Organen, in denen sich Ama festgesetzt hat, können sich Diabetes, Arthritis, Rheuma oder Herzerkrankungen entwickeln.

Die drei Malas

Beim Stoffwechsel fallen verschiedene Abfallprodukte der sieben Gewebe – Sapta Dhatus (siehe Seite 41 f.) –, die so genannten Malas an. Die drei wichtigsten Malas sind Kot (Purisha), Urin (Mutra) und Schweiß (Sweda). Ebenso wie bei den drei Doshas und den drei Gunas ist ein Gleichgewicht zwischen den drei Malas eine Voraussetzung für vollkommene Gesundheit.

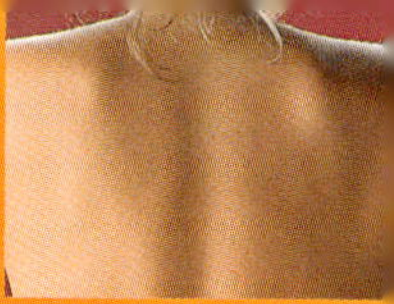

Purisha

Dieses Abfallprodukt entsteht im Dickdarm bei der Absorption der Nährstoffe aus der Nahrung. Mit Wasser und Salz bilden diese Rückstände den festen Kot, der den Körper über den Darm verlässt.

Die Art der Nahrung sowie die Leistung von Magen und Darm bestimmen die Konsistenz des Kots. So bildet sich bei vegetarischer Ernährung viel weicher Stuhl, bei Fleischgenuss harter Stuhl.

Mutra

Während der im menschlichen Körper ablaufenden biologischen Prozesse bildet sich Mutra (Urin). Die Urinproduktion beginnt im Dickdarm, in dem Flüssigkeit absorbiert wird. Die eigentliche Urinsynthese und die Ausscheidung findet im gesamten Harntrakt statt, also in Nieren, Harnröhre, Harnleiter und Blase. Hier wird die Flüssigkeitsmenge reguliert und damit auch der Blutdruck.

Eine zu hohe oder zu niedrige Harnkonzentration kann zu Krankheiten wie Nierensteinen, Blasenentzündung und Bauchschmerzen führen.

Sweda

Schweiß entsteht als Abfallprodukt während der Synthese des Fettgewebes (Meda Dhatu, siehe Seite 43). Sweda wird über bestimmte Kanäle an die Hautoberfläche transportiert und durch die Poren der Haut ausgeschieden. Dadurch werden die Körpertemperatur und der Elektrolythaushalt geregelt.

Wird die Schweißbildung oder -ausscheidung beeinträchtigt, können Hautinfektionen, trockene Haut, Flüssigkeitsverlust oder Untertemperatur auftreten.

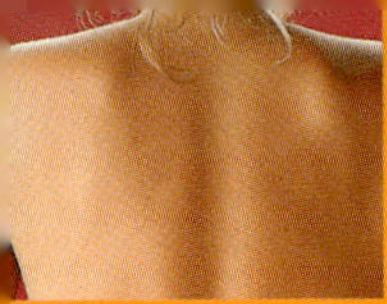

Die sieben Gewebe (Sapta Dhatus)

Die sieben Gewebe sind aufbauende Elemente des Körpers und verantwortlich für die Struktur unseres Organismus. Mithilfe eines gut funktionierenden Agni schützen sie unser Immunsystem.

Das Sanskrit-Wort Dhatu bedeutet »ernähren« und »unterstützen«. In der ayurvedischen Lehre stellen die sieben Gewebe oder Sapta Dhatus die Stützen des Körpers dar. Sie sind verantwortlich für das Wachstum und festigen Körper und Geist. Versagt ein Dhatu, so beeinflusst dies auch den als nächstes folgenden Dhatu, da jeder Dhatu die Nahrung von dem vorangegangenen erhält.

Eine Störung des Dosha-Gleichgwichts wirkt sich direkt auf die Dhatus aus. Deshalb sind Fehlfunktionen der Dhatus immer an der Entwicklung einer Erkrankung beteiligt. Über ein Gleichgewicht der Doshas – durch richtige Ernährung und körperliche Aktivität – funktionieren auch die Dhatus.

Rasa Dhatu

Dieses Gewebe entspricht in der westlichen Medizin dem Plasma. Es wird aus der verdauten Nahrung gebildet und ernährt jedes einzelne Gewebe und jede Zelle.

Rakta Dhatu

Wie in der westlichen Medizin das Blut, so bildet Rakta Dhatu in der ayurvedischen Medizin die Basis des Lebens. Es reguliert die Oxidation in den Geweben und lebenswichtigen Organen.

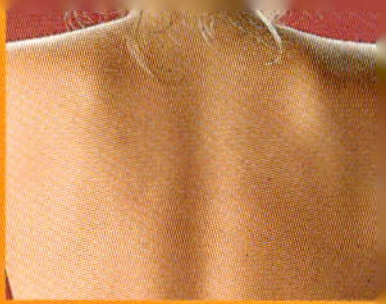

Mamsa Dhatu

Dies entspricht dem Muskelgewebe. Es ist für die Körperstärke und die Beweglichkeit der Gelenke verantwortlich. Die wichtigste Aufgabe des Mamsa Dhatu ist die Unterstützung des Meda Dhatu, des Fettgewebes.

Meda Dhatu

Meda Dhatu entspricht dem Fettgewebe und ist im Körper für die Schmierfunktion zuständig. Außerdem unterstützt es Asthi Dhatu, das Knochengewebe.

Asthi Dhatu

Es wird aus dem Knochengewebe und den Knorpeln gebildet und verleiht der Körperstruktur ihren Halt.

Majja Dhatu

Knochenmark und Nerven formen dieses Gewebe. Majja Dhatu füllt die Knochen und vermittelt die motorischen und sensorischen Impulse.

Shukra Dhatu

In diesem Gewebe sind die Bestandteile aller anderen Gewebearten enthalten. Es dient zur Fortpflanzung und Stärkung des Körpers.

DER RHYTHMUS DES TAGES, DES JAHRES UND DES LEBENS

Wie bereits ab Seite 18 beschrieben, beeinflussen die Tridoshas den Menschen sowie seine körperliche und geistige Gesundheit.

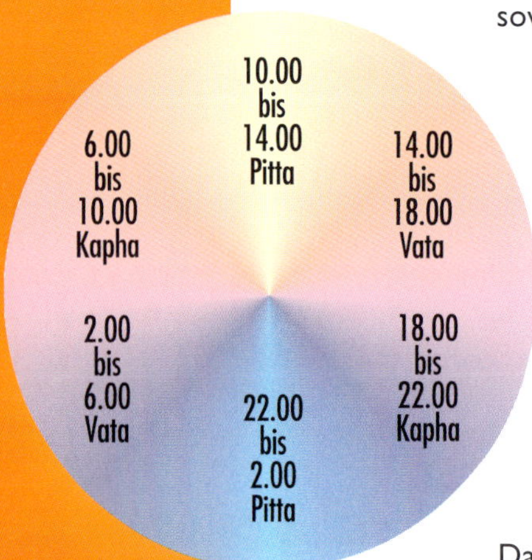

Da nach der ayurvedischen Lehre der Mikrokosmos, also der Mensch, ebenso aufgebaut ist wie der Makrokosmos, werden die Tridoshas durch den Tages-, Jahres- und Lebensrhythmus beeinflusst, und zwar durch die Tatsache, dass sich der Mensch in seiner Lebensweise an den natürlichen Rhythmus von Tag, Jahr und Leben orientiert. Dadurch werden die Leistungsfähigkeit und das allgemeine sowie körperliche Wohlbefinden erhöht.

Der Tagesrhythmus

In der ayurvedischen Lehre werden die 24 Stunden eines Tages in zwei Hauptzyklen eingeteilt, die wiederum aus drei Phasen bestehen, in denen jeweils ein Dosha dominiert (siehe Abbildung oben).

Mit Beginn der Dämmerung ist Kapha das vorherrschende Dosha. Die Zeit zwischen 6.00 und 10.00 Uhr morgens wird im Ayurveda als Aufbauphase bezeichnet. In diesen Stunden sammelt der Körper die Energie, die er zur Bewältigung des Alltags benö-

tigt. Ayurveda empfiehlt, diese Tageszeit zur Reinigung und Pflege zu verwenden.

In den Stunden zwischen 10.00 und 14.00 Uhr dominiert Pitta. Wie bereits auf Seite 24 f. beschrieben, sorgt Pitta für unser inneres Feuer und für die Nahrungsaufbereitung. Deshalb sind wir während der Pitta-Phase besonders aktiv und haben auch Hunger. Aus diesem Grund sollte die Hauptmahlzeit während der Mittagsstunden eingenommen werden.

Nach der Pitta- folgt die Vata-Phase, sie dauert von 14.00 bis 18.00 Uhr. In dieser Zeit sind wir in mentaler und körperlicher Hinsicht in Höchstform. Damit diese aktive Phase jedoch nicht in negativen Stress ausartet, sollten am Nachmittag auch Ruhepausen eingelegt werden.

Der zweite Zyklus beginnt wie der erste mit einer Kapha-Phase. Sie dauert von 18.00 bis 22.00 Uhr. Ihr folgt von 22.00 bis 2.00 Uhr die Pitta- und von 2.00 bis 6.00 Uhr die Vata-Phase. Das jeweilige Dosha erfüllt im zweiten Zyklus jedoch andere Aufgaben. So sorgt Kapha dafür, dass wir jetzt müde werden, Pitta versorgt uns während des Schlafs mit Wärme und Vata mit Träumen.

Wann sollte man was tun?

Nach der ayurvedischen Lehre sollte man bestimmte Handlungen immer zu bestimmten Uhrzeiten durchführen, also eine spezielle Routine hinsichtlich der Tageszeiten einhalten. Diese besteht aus einer sich nicht verändernden Reihenfolge der täglich auszuführenden Handlungen. Wenn Sie diese Tageszeiten-Routine eine Zeit lang praktizieren, werden Sie feststellen, dass Sie ein hohes Energieniveau erreichen.

Der Rhythmus der Jahreszeiten

Auch der Wechsel der Jahreszeiten beeinflusst unsere Doshas. Wie den Tag, so kann man auch das Jahr in drei Hauptzyklen unterteilen, in denen ein bestimmtes Dosha dominiert.

Im Ayurveda herrscht zwischen Mitte März und Mitte Juni die Kapha-Phase. Daran schließt sich die Pitta-Phase an, die bis Mitte Oktober dauert. Die Vata-Zeit beginnt Mitte Oktober und dauert den ganzen Winter. Sie endet Mitte März.

Dieser ayurvedische Jahreszeitenrhythmus muss natürlich den örtlichen Klimaverhältnissen angepasst werden.

Wie für die Tageszeiten, so sollte nach der ayurvedischen Lehre auch eine Jahreszeiten-Routine eingehalten werden. Oberstes Gebot: Während der Jahreszeit, die dem eigenen Konstitutionstyp entspricht, sollte man am aufmerksamsten sein – im Winter der Vata-, im Sommer der Pitta- und im Frühling der Kapha-Typ.

So kommt man besser durch die Jahreszeiten

Damit das Dosha-Gleichgewicht während der Jahreszeiten nicht zu sehr aus den Fugen gerät, hat der Ayurveda einige Verhaltensmaßregeln aufgestellt:

- Gehen Sie bei dem Wetter, das Ihrem Dosha entspricht, nicht zu häufig nach draußen.
- Ernähren Sie sich entsprechend Ihres Konstitutionstyps (siehe Seite 80 ff.).
- Setzen Sie bei der Zubereitung Ihrer Speisen bestimmte auf Ihren Typ abgestimmte Gewürze ein.

- Trinken Sie regelmäßig die auf Ihren Typ abgestimmten Teemischungen.
- Halten Sie sich an die Tageszeiten-Routine.
- Führen Sie in der Kapha-Phase, also in unserem Frühling, eine Entschlackungskur (Panchakarma, siehe Seite 53 f.) durch. Dadurch werden die während des Winters angestauten Schlackstoffe ausgeschieden.

Der Lebensrhythmus

Der dritte wichtige Zyklus in der ayurvedischen Lehre, von dem unsere Doshas abhängen, ist der Lebenszyklus. Auch hier gibt es drei Phasen, die den Eigenschaften von Vata, Pitta und Kapha entsprechen. In der ersten Lebensphase werden Körper und Bewusstsein aufgebaut. Diese Periode, sie dauert von der Geburt bis etwa zum 30. Lebensjahr, entspricht der Kapha-Phase.

Danach beginnt die Pitta-Phase, sie dauert bis ungefähr zum 60. Lebensjahr. In diesem Zeitraum werden die während der ersten Lebensphase erworbenen theoretischen Kenntnisse und Fähigkeiten in die Praxis umgesetzt. In der Pitta-Phase, die ja auch mit unserer Berufstätigkeit zusammenfällt, sind wir am produktivsten.

Nach dem 60. Lebensjahr beginnt die Vata-Phase, gekennzeichnet durch einen ganz allmählich einsetzenden Abbau- und Umwandlungsprozess von Körper und Geist. Die aktive Phase geht langsam in eine passive über.

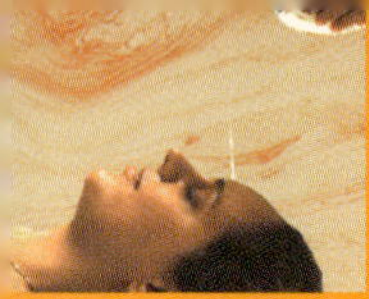

GESUNDHEITS- UND HEILVERFAHREN DES AYURVEDA

Die verschiedenen Untersuchungsmethoden im Ayurveda

Wie in der westlichen Medizin, so bildet auch im Ayurveda die Untersuchung des Patienten die Basis für eine erfolgreiche Therapie. Ziel dieser Untersuchung ist es, das herrschende Ungleichgewicht der Doshas präzise definieren zu können. Dazu benötigt der ayurvedische Arzt die Krankengeschichte des Patienten, er wird die acht- oder/und zehngliedrige Untersuchung durchführen und die Symptome beurteilen. Außerdem wird er die Astrologie sowie spirituelle Faktoren in seine Überlegungen mit einbeziehen.

Ayurveda und Astrologie

Die Astrologie ist ein wichtiger Bestandteil des Ayurveda. Bei Diagnose und Behandlung einer Krankheit wird im Ayurveda die hinduistische Astrologie mit einbezogen.

Danach üben die Planeten einen nicht zu vernachlässigenden Einfluss aus. Sonne und Mond wirken dabei am stärksten. Die Krisen in akuten Krankheiten sind vom Durch-

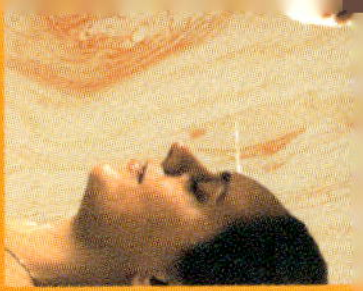

gang des Mondes geprägt. Die schlimmsten Krisen jeder akuten Krankheit tauchen am 14. Tag auf, wenn der Mond in Opposition zu dem Tag steht, an dem die Krankheit ausgebrochen ist.

Der Mond spielt in der ayurvedischen Lehre eine bedeutende Rolle. So ist die Position des Geburtsmondes wichtig für die Feststellung der individuellen Konstitution eines Menschen, die Mondsterne beeinflussen beispielsweise Charakter, Kindheit, Ehe und Freundschaft sowie beruflichen Werdegang. Mithilfe der Astrologie bestimmt der ayurvedische Arzt den richtigen Zeitpunkt für eine Operation.

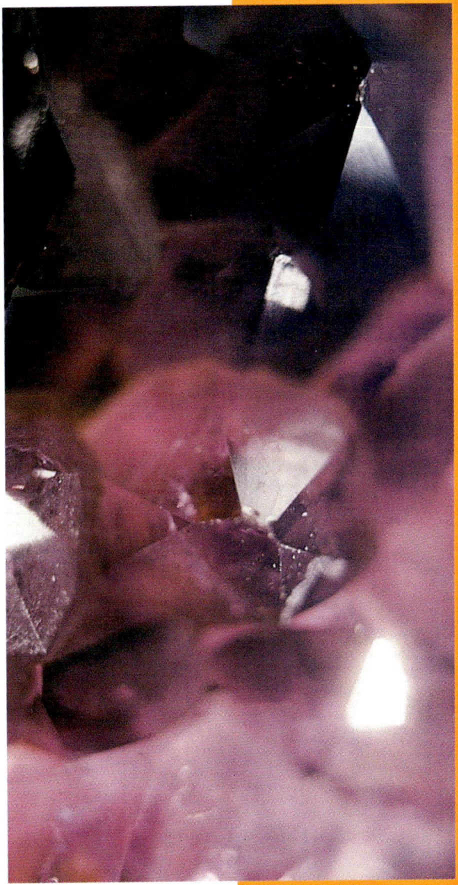

Aber nicht nur der Mond, sondern auch die anderen Planeten beeinflussen die Krankheiten. So kann ein ungünstiger Mars viele Erkrankungen auslösen. Venus spielt bei gynäkologischen und Geschlechtskrankheiten eine entscheidende Rolle. Auch Merkur verursacht Beschwerden. Jupiter kann Harnwegserkrankungen auslösen. Der Saturn ist verantwortlich beispielsweise für Depressionen.

Durch Edelsteine kann der Einfluss der Planeten auf unseren Körper reduziert werden. So hilft der Rubin gegen Blutkrankheiten, Perlen wirken gegen Rheuma und Knochenkrankheiten, der Diamant gegen Harnwegs- und gynäkologische Erkrankungen. Um den richtigen Edelstein herauszufinden, der vor den Einflüssen der Planeten schützt, sollte man einen Astrologen oder einen Ayurveda-Arzt aufsuchen. Denn durch das Tragen eines falschen Edelsteins kann sich der Zustand verschlimmern.

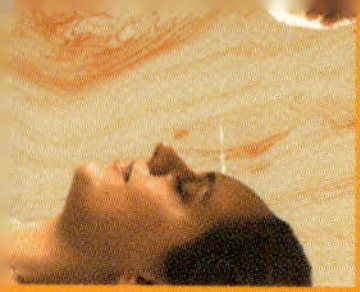

Die achtgliedrige Untersuchung

Diese Untersuchungsmethode besteht aus der Untersuchung von

- Puls
- Zunge
- Stimme
- Haut
- Augen
- Gesamterscheinung
- Urin
- Stuhl

Ziel aller acht Diagnosemethoden ist es, die momentan vorliegende Dosha-Konstellation zu ermitteln.

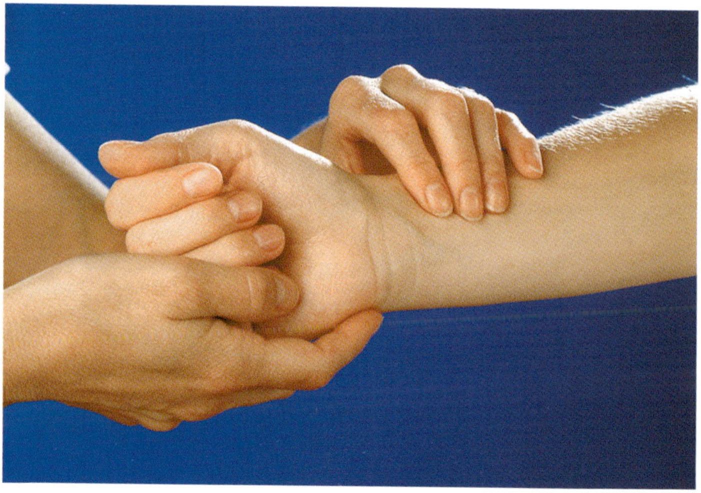

Alle Untersuchungsergebnisse zusammengenommen geben dem Ayurveda-Arzt ein zuverlässiges Gesamtbild über den Zustand des Patienten und über dessen Konstitutionstyp. Mithilfe der achtgliedrigen Untersuchung kann der Ayurveda-Arzt nicht nur die Art der Erkrankung, sondern auch das Stadium, in der sich die Krankheit befindet, bestimmen.

Spirituelle Rituale im Ayurveda

Heilende Rituale, Gebete und Mantras spielen im Ayurveda eine wichtige Rolle, vor allem bei der Behandlung schwerer und chronischer Erkrankungen. Durch sie lässt sich das schlechte Karma, das letztendlich zu den Krankheiten führt, überwinden. Ein guter Ayurveda-Arzt wird Sie dazu anleiten.

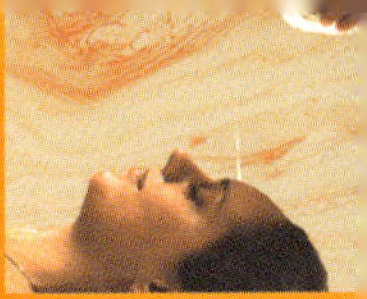

Die zehngliedrige Untersuchung

Die zehngliedrige Untersuchung kann anstatt oder zusätzlich zu der achtgliedrigen Untersuchung durchgeführt werden. Beurteilt werden hier:

- die körperliche Konstitution
- der Krankheitszustand
- die Lebenskraft der Gewebe
- der Körperbau
- die Körpermaße
- die Anpassungsfähigkeit
- die psychische Konstitution
- die Verdauungskraft
- die Leistungsfähigkeit
- das Alter

Durch die zehngliedrige Untersuchung erfährt der Ayurveda-Arzt nahezu alles über den Gesundheitszustand des Patienten.

Ayurvedische Medikamente

In der ayurvedischen Medizin werden die Medikamente in drei Gruppen eingeteilt: Produkte pflanzlicher, tierischer und mineralischer Herkunft.

Die tierischen Produkte sind Honig, Wachs und Fett. Gold, Silber, Kupfer, Edelsteine, Eisen und Kalk zählen zu den mineralischen Medikamenten.

Fast immer werden die ayurvedischen Medikamente in Kombinationen eingesetzt. Es gibt sie als Salben, Pulver, Saft, Sud, Pillen und Öle.

Wie in der westlichen Medizin, so müssen auch im Ayurveda die Medikamente zu bestimmten Tageszeiten eingenommen wer-

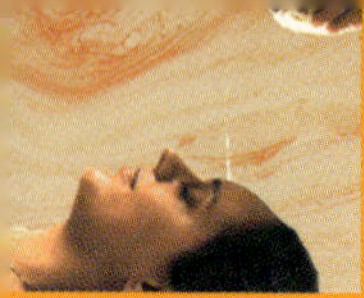

den. In der ayurvedischen Medizin gibt die so genannte Zehnerregel vor, wann die Medikamente eingenommen werden müssen, um ihre stärkste Wirkung zu entfalten.

Folgende Einnahmezeiten und -varianten sieht die Zehnerregel vor:

- auf nüchternen Magen
- vor der Mahlzeit
- nach der Mahlzeit
- zwischen den Mahlzeiten
- während der Mahlzeit
- Medikament ins Essen beigemischt
- zu Beginn und nach der Mahlzeit
- mehrmals täglich
- mit jedem Bissen der Mahlzeit
- mit jedem zweiten Bissen der Mahlzeit

Reinigende Heilweisen

Vollkommene Gesundheit bedeutet im Ayurveda das Gleichgewicht der Lebensenergien Vata, Pitta und Kapha (siehe Seite 18 ff.). Eine Harmonie dieser drei Doshas herzustellen, steht deshalb bei allen Gesundheits- und Heilverfahren im Ayurveda an erster Stelle.

Zum Ausgleich der drei Doshas sieht der Ayurveda drei Vorgehensweisen vor, die jedoch nicht für sich allein zu sehen sind, sondern nur durch ihre Kombination und ihr Zusammenwirken zum gewünschten Erfolg führen. Es handelt sich hier um:

- Entgiftung beziehungsweise Reinigung
- Regeneration
- Ernährung

Vor allem folgende Beschwerden sprechen gut auf eine ayurvedische Behandlung an:

- *Allergien*
- *Ängstlichkeit*
- *Augenerkrankungen*
- *Bronchitis*
- *Ekzeme, Hautprobleme*
- *Erkältungen*
- *hoher Blutdruck*
- *Nasennebenhöhlenentzündungen*
- *Reizbarkeit*
- *rheumatoide Arthritis*
- *Rückenprobleme*
- *Schlaflosigkeit*
- *Stress*
- *Verdauungsprobleme*

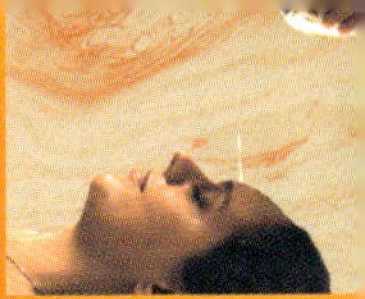

Die Entgiftung mit Panchakarma

Panchakarma ist ein Wort aus der indischen Gelehrtensprache Sanskrit. Ins Deutsche übersetzt bedeutet es »fünf Handlungen«. Der Begriff fasst die fünf Hauptgruppen der physikalischen Therapieverfahren des Ayurveda zusammen. Die heilenden Kräfte, die diesen entspringen, folgen einer logischen Reihenfolge und ergänzen einander. Auf diesem Weg wird eine nachhaltige und intensive Tiefenreinigung des Körpers erzielt.

Im Folgenden werden drei Behandlungsschritte vorgestelllt, die es uns ermöglichen, durch Panchakarma systematisch Schadstoffe und körpereigene Gifte zu beseitigen, die sich leicht durch falsche Gedankengänge, Umweltverschmutzung oder eine unangemessene Lebensweise im Körper ablagern.

Mithilfe dieser drei Schritte verbessert sich der Gesundheitszustand. Häufig können chronisch Kranke ihre Beschwerden auf diese Weise lindern; völlig gesunde Menschen gewinnen durch die Behandlung zusätzliche Lebensfreude und Zufriedenheit.

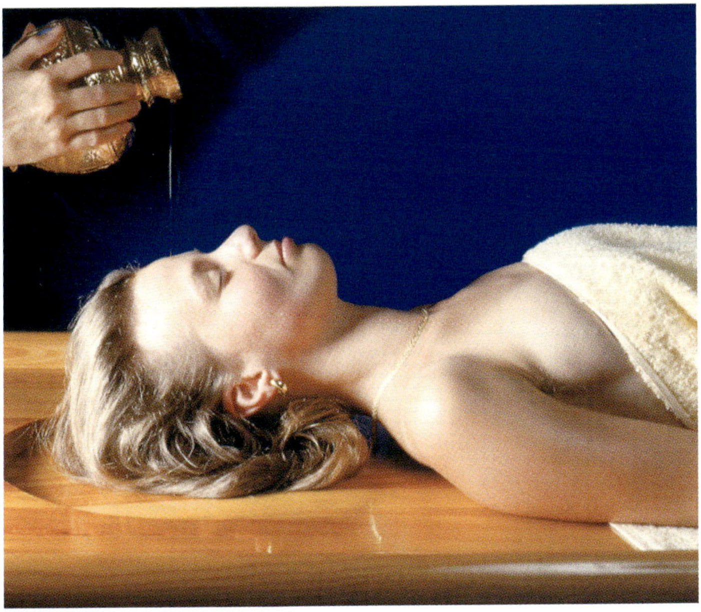

Wichtig!

Jede Entgiftung sollte ausschließlich von einem ausgebildeten Ayurveda-Therapeuten durchgeführt werden. Keinesfalls sollte man versuchen, Panchakarma zu Hause anzuwenden. Besondere Vorsicht ist vor allem bei Kindern, älteren Personen und Schwangeren geboten. Auch bei einigen bereits bestehenden Erkrankungen dürfen nicht alle Panchakarma-Schritte durchgeführt werden. Beraten Sie sich hier unbedingt mit Ihrem Ayurveda-Arzt. Eine Panchakarma-Kur können Sie beispielsweise im Maharishi Ayur-Veda Gesundheitszentrum in Bad Ems oder im Parkschlößchen Bad Wildstein in Traben-Trarbach durchführen. (Adressen siehe Seite 91)

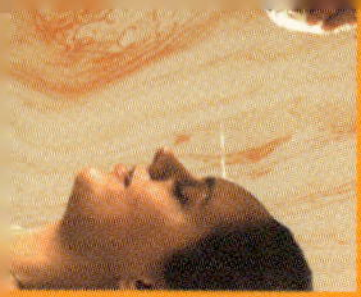

❧ Erster Schritt

Zu Beginn der Behandlung werden entweder äußerlich oder aber innerlich dem Organismus leicht verdauliche Heilöle zugeführt. Auf diese Weise wird der Stoffwechsel angeregt und die Verdauungskraft gefördert.

Die innere Ölbehandlung kann zum Beispiel durch die Einnahme des Butterreinfetts Ghee (sprich: gie) oder andere Substanzen erfolgen. Diese gelangen über den Darm direkt in die Körperzellen.

Äußerlich wird diese Behandlung durch Ganzkörperölgüsse oder -behandlungen erzeugt.

Derart können unkompliziert und effektiv Umweltgifte und fettlösliche Stoffwechselabbauprodukte gelöst werden.

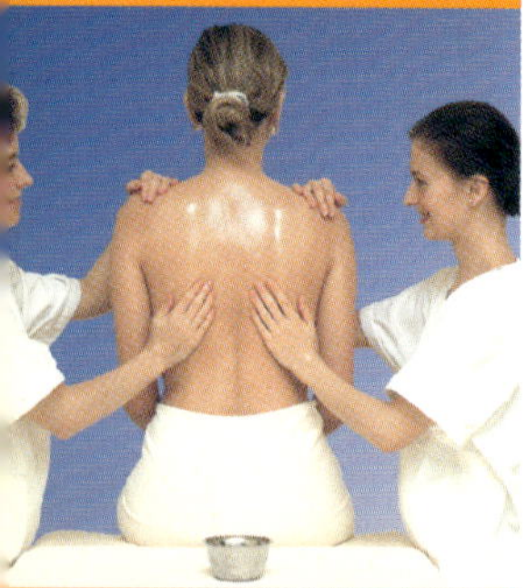

❧ Zweiter Schritt

Der nächste Behandlungsschritt umfasst angenehme Wärmeanwendungen wie Kräuterdampfbäder, heiße Kompressen oder Abreibungen. Die Wärme erweitert Blut- und Lymphgefäße und erhöht noch einmal die Stoffwechselaktivität.

Diese Anwendung führt dazu, dass die vorher gelösten körpereigenen Gifte und die Umwelttoxine aus dem Gewebe geschwemmt werden und somit ihren natürlichen Weg in den Darm nehmen.

❧ Dritter Schritt

Diese Behandlungsphase sorgt dafür, dass die im Vorfeld gelösten Toxine unwiderruflich den Körper verlassen: Der Darm wird angenehm gereinigt durch vorsichtiges Abführen und sanfte Einläufe – die Schlackenstoffe verlassen somit endgültig den Körper.

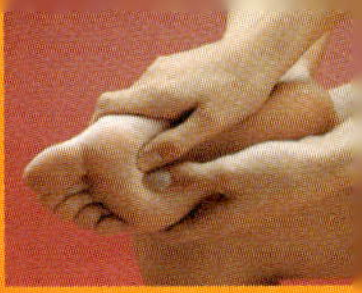

DIE ÄUSSERE REINIGUNG MIT MASSAGEN

Was das Panchakarma für die Entgiftung von innen ist, das sind regelmäßige Massagen für die äußere Entschlackung. Die Massagen können Sie zu Hause als Bestandteil der Morgentoilette in Form von Selbstmassagen durchführen.

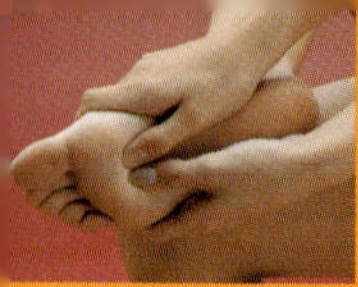

Die Ölmassage

Von der Ölmassage profitiert nicht nur der Körper (Nerven, Muskulatur, Verdauung), sondern auch Geist und Seele.

Der optimale Zeitpunkt für die Ölmassage ist morgens noch vor dem Duschen. Am besten setzen Sie sich dazu auf einen Stuhl oder auf den warmen Boden und legen sich ein Handtuch unter. Geben Sie auf den gesamten Körper Öl, aber nur so viel, dass Sie die Haut gut massieren können. Massiert wird mit streichenden und mit kreisenden Bewegungen. Streichende Bewegungen werden für Ober- und Unterarme sowie Ober- und Unterschenkel und den Rücken angewendet. Mit kreisenden Bewegungen massiert man die Gelenke sowie Brust und Bauch.

Wenn Sie morgens keine Zeit für eine Ganzkörpermassage haben, können Sie diese auch abends durchführen. Dann sollten Sie allerdings darauf achten, dass Sie sich vor dem Essen massieren. Alternativ dazu können Sie auch Teilmassagen durchführen, zum Beispiel von Gesicht, Ohren, Händen und Füßen. Sie nehmen weniger Zeit in Anspruch, haben aber ebenfalls eine wohltuende Wirkung.

Wichtig ist, dass Sie bei allen Ölmassagen locker und entspannt sind.

- Kopf
  Die Kopfhaut langsam mit kreisenden Bewegungen der Fingerkuppen massieren. Dabei am vorderen Haaransatz anfangen, dann über die Seitenpartien bis zum Nacken gehen.

- Ohren
  Beide Ohren gleichzeitig mit sanften Auf- und Abwärtsbewegungen massieren.

Sesamöl für die Massage

Für die Ölmassage ist im Ayurveda qualitativ hochwertiges, kalt gepresstes Sesamöl vorgeschrieben. Nur Menschen vom Pitta-Typ oder mit Hauterkrankungen können auf Oliven- oder Kokosnussöl ausweichen. Das Sesamöl muss für die Massage vorbehandelt werden, indem man es in einem Topf auf ungefähr 110 °C erhitzt – nicht höher. Dadurch wird das Öl dünnflüssiger und zieht besser in die Haut ein. Auf diese Weise kann es nach dem Abkühlen außerdem länger aufbewahrt werden. Man kann das so »gereifte« Sesamöl in dunklen Glasflaschen aufheben. Bevor man das Öl für eine Massage verwendet, muss man die benötigte Ölmenge im Wasserbad leicht erhitzen.

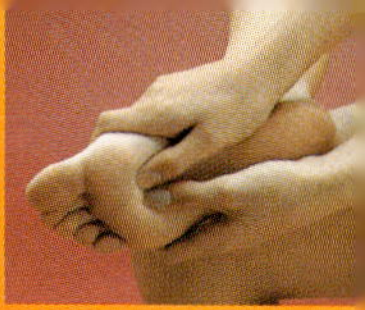

- Stirn

Mit den Fingerkuppen nun die Stirn massieren, durch streichende Bewegungen der Fingerspitzen von der Stirnmitte nach außen. Die Stirnmassage durch kreisende Bewegungen auf den Schläfen beenden.

- Nacken und Hals

Mit beiden Händen links und rechts der Schulter in Richtung Haaransatz auf- und abreiben. Die Vorderseite des Halses nur sanft streicheln, und zwar von oben nach unten.

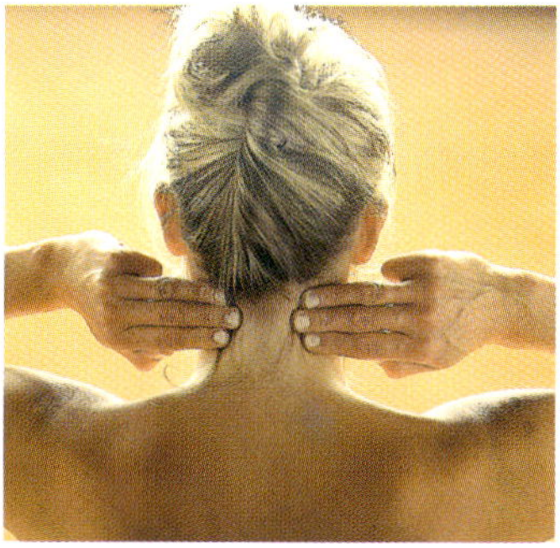

- Kinn

Mit kreisenden Bewegungen der Fingerspitzen die Wangen bis zum Kinn massieren. Dort wieder genauso wie bei der Stirn massieren. Anschließend sanft mit beiden Zeigefingern links und rechts entlang der Nase streichen.

- Arme

Mit kräftigerem Druck die Ober- und Unterarme mit weiten Auf- und Abwärtsbewegungen reiben, zunächst den rechten, dann den linken Arm. Die Gelenke dagegen kreisend massieren. An der Schulter

Wie oft massieren?

Menschen vom Vata-Typ sollten sich täglich massieren. Bei Kapha- und Pitta-Menschen reicht es dagegen, wenn die Massage zwei- oder dreimal pro Woche auf dem Programm steht.

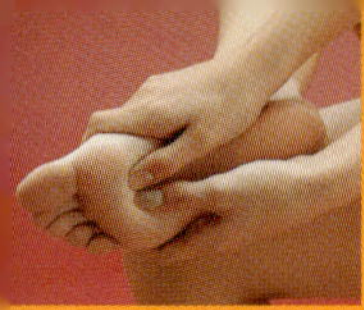

beginnen, an den Fingern, die einzeln umfasst und sanft in Richtung Fingernagel massiert werden, enden.

- Brustkorb
  Die Brust mit kreisenden Bewegungen sanft massieren. Frauen massieren um die Brust herum. Das Brustbein vorsichtig mit Auf- und Abwärtsbewegungen massieren.

- Bauch
  Mit der rechten Handfläche kreisförmig im Uhrzeigersinn über den Bauch streichen.

- Beine
  Bei den Beinen genauso vorgehen wie bei den Armen. Zuerst das rechte, dann das linke Bein massieren. An den Gelenken kreisende Bewegungen ausführen.

- Rücken und Gesäß
  Aufrecht hinstellen, mit den Handflächen den unteren Rückenteil durch Auf- und Abwärtsbewegungen kräftig massieren. Dies gilt auch für das Gesäß.

- Füße
  Beendet wird die Körpermassage durch die Massage der Füße. Die Zehen einzeln massieren, die gleichzeitige Massage von Fußsohle und -rücken beschließt die Fußmassage.

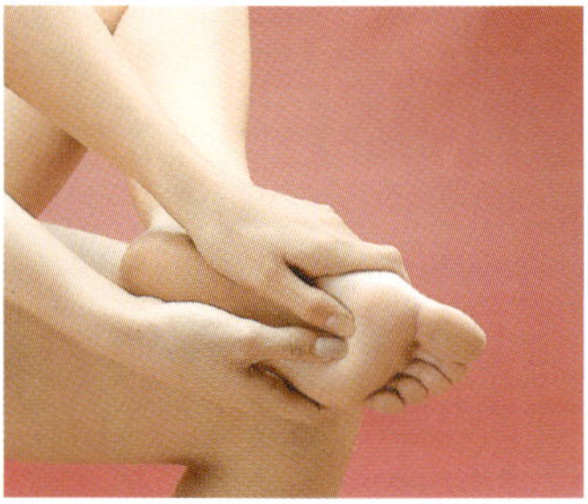

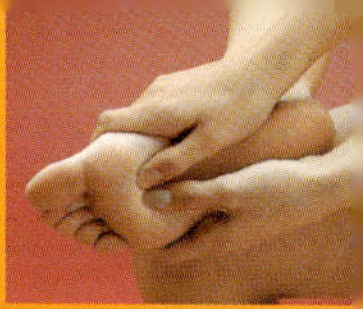

Nach der Massage, für die man 10 bis 15 Minuten einplanen sollte, dauert es nur kurze Zeit, bis das Öl ganz in die Haut eingezogen ist. Bei einem warmen Bad oder einer warmen Dusche können Sie das Öl mit einer milden Seife abwaschen.

Die Trockenmassage

Die Trockenmassage wird mit speziellen Handschuhen aus Roh- oder Burett-Seide durchgeführt. Diese Handschuhe erhalten Sie im ayurvedischen Fachhandel.

Die Trockenmassage kann von Kapha-Menschen täglich durchgeführt werden.

Da die Trockenmassage Kreislauf, Stoffwechsel und Bindegewebe stark stimuliert, eignet sie sich vor allem für Menschen mit fettiger Haut, Stoffwechselproblemen oder Übergewicht. Aber auch gegen Gelenkerkrankungen wie chronische Polyarthritis und gegen Zellulitis hilft die Trockenmassage.

Im Gegensatz zur Ölmassage können Menschen vom Kapha-Typ die Trockenmassage täglich anwenden. Ein abschließendes warmes Vollbad unterstützt die entschlackende Wirkung der Trockenmassage.

Massage durch den Therapeuten

Wenn Sie sich einmal etwas Besonderes gönnen möchten, lassen Sie sich mit einem der drei Grundtypen der ayurvedischen Massage verwöhnen. Diese Massagen werden in Ayurveda-Zentren, aber auch von Ayurveda-Therapeuten angeboten.

- Abhyanga

  Bei dieser Ganzkörpermassage wenden die Masseure entsprechend dem Konstitutionstyp – Vata, Pitta oder Kapha – verschiedene Ölsorten an. Die Masseure setzen eine Kombination verschiedener Handgriffe ein, beispielsweise Drücken, Kneten, Rubbeln oder Klopfen. Der Abhyanga folgt immer eine Kräutersauna. Die Massage dauert 30 bis 60 Minuten, sie entspannt und beruhigt.

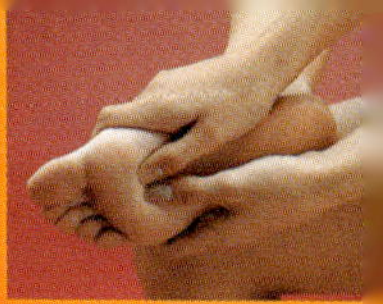

- Pizzichil

  Während dieser sehr speziellen Form der Massage arbeiten die Masseure mit sanften Streichbewegungen. Dabei wird ständig warmes Öl auf den Körper getropft. Dieser Massagetyp wird normalerweise von mindestens vier Personen durchgeführt, zwei tropfen das Öl auf den Körper, zwei massieren synchron. Diese Massage stimuliert den Stoffwechsel von Haut und Organen. Wichtig ist, dass bei dieser Massage immer ein Arzt anwesend ist.

- Chawuzetti Pizzichil

  Dieser Typ der ayurvedischen Massage mutet uns sehr exotisch an. Hier setzt der Masseur nicht seine Hände, sondern seine Fußsohlen als Werkzeug ein. Dafür hängt er an Haken von der Decke herunter. Für diese Massage benötigt man einen oder mehrere Masseure sowie zwei oder mehr Assistenten. Diese verteilen in bestimmten Abständen das Öl auf dem Patienten.

Mundspülung (Gandhusa)

Das gleiche Sesamöl, das man für die Ganzkörperölmassage verwendet (siehe Seite 56), kann man auch bei der Mundspülung einsetzen.

- Mundhöhle, Rachen und besonders das Zahnfleisch mit einem Esslöffel Sesamöl zwei bis drei Minuten lang spülen. Das Öl dabei zwischen den Zähnen durchsaugen. Danach das Öl ausspucken. Durch diese Mundspülung wird das Zahnfleisch gestärkt, und die Widerstandskraft gegen Krankheitserreger wird verbessert.

REGENERATION DURCH DIE DREI-DOSHA-ÜBUNGEN UND YOGA

Nach der ayurvedischen Lehre bedeutet Regeneration, das Gleichgewicht der Doshas wiederherzustellen und zu festigen. Dies erreicht man mithilfe entspannender, meditativer Übungen. Führt man die Übungen konsequent und regelmäßig durch, stellen sich Ausgeglichenheit und Zufriedenheit ein. Stresssituationen im Alltag können leichter bewältigt werden.

Gesunde Bewegung, beispielsweise Spaziergänge an der frischen Luft oder spezielle körperliche Aktivitäten, ist im Ayurveda äußerst wichtig. Sinn dieser Bewegung ist es, Geist und Körper in Einklang zu bringen. Natürlich kann man viele Sportarten treiben, wobei man darauf achten sollte, dass nicht jede Sportart für jeden Konstitutionstyp gleich gut geeignet ist.

So sollten Menschen vom Vata-Typ Yoga, Aerobic, Spa-

ziergänge, kleine Wanderungen und Rad fahren in ihre Liste der bevorzugten Sportarten aufnehmen.

Für den Pitta-Typ eignen sich Schwimmen, Wandern, Reiten, Segeln, aber auch Ski fahren und Bergsteigen.

Für den Kapha-Typ empfehlen sich Fechten, Tanzen, Laufen, Fußball, Tennis, Rudern und Gewichtheben.

Die Drei-Dosha-Übungen

In der ayurvedischen Lehre spielen die so genannten Drei-Dosha-Übungen eine wichtige Rolle. Unter ihnen versteht man grundlegende Bewegungsabläufe, die das Gleichgewicht von Vata, Pitta und Kapha fördern und aus dem »Sonnengruß«, leichten Yoga- und einfachen Atemübungen bestehen.

Der Sonnengruß

Der Sonnengruß (Suryananmaskar) besteht aus zwölf Stellungen, die nacheinander ohne Unterbrechung durchgeführt werden.

Insgesamt dauert diese Übung ungefähr ein bis zwei Minuten, anfangs vielleicht etwas länger. Schon bald werden Sie bemerken, dass sich durch den Sonnengruß, wenn Sie ihn konsequent jeden Tag absolvieren, die Muskeln entspannen und die Gelenke beweglicher werden. Zusätzlich bewirkt der Sonnengruß eine Massage der inneren Organe und stimuliert Kreislauf und Durchblutung.

Im Laufe der Zeit werden Sie registrieren, wie Körper und Geist zu einer Einheit verschmelzen.

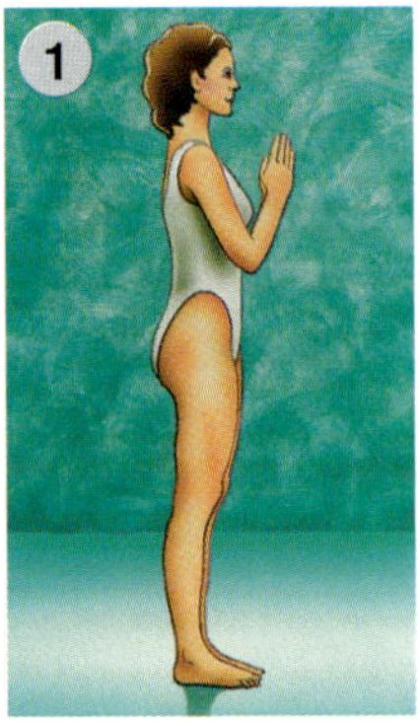

Erste Stellung: Die Grußstellung

Aufrecht stehen, bei nicht durchgedrückten Knien; die Füße nebeneinander stellen; die Hände vor der Brust falten, die Arme anwinkeln.

Zweite Stellung: Arm heben

Durch die Nase einatmen, die Arme langsam über den Kopf heben, den Oberkörper dehnen, dabei die Wirbelsäule nach hinten biegen und nach oben schauen; gleichmäßig weiteratmen und ein paar Sekunden in dieser Stellung bleiben.

Dritte Stellung: Fuß fassen

Durch den Mund ausatmen, dabei den Oberkörper mit gerader Wirbelsäule so weit wie möglich nach vorne beugen; bei gestreckten Beinen mit den Händen den Boden berühren; die Knie leicht anwinkeln. Diese Übung fällt anfangs meist schwer. Doch Sie werden feststellen, dass die Gelenke im Laufe der Zeit beweglicher werden.

Vierte Stellung: Die Reiterstellung

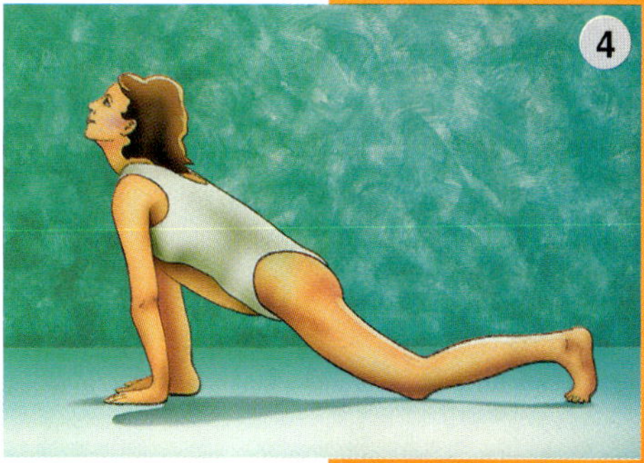

Während des nächsten Einatmens langsam in die Hocke gehen, das linke Bein gerade nach hinten strecken, bis das Knie den Boden berührt, das rechte Bein nicht ausstrecken, es dient als Stütze, wobei der Fuß fest auf dem Boden steht; die Wirbelsäule aufrichten, die Arme hängen lassen, nach oben an die Decke schauen.

Fünfte Stellung: Die Bergstellung

Beim Ausatmen mit den Handflächen auf dem Boden abstützen, das rechte Bein ebenfalls nach hinten strecken und neben das linke Bein stellen; Po und Hüften anheben, die Fersen fest auf den Boden stemmen, die Rückseite der Beine strecken.

Sechste Stellung: Die Acht-Punkte-Stellung

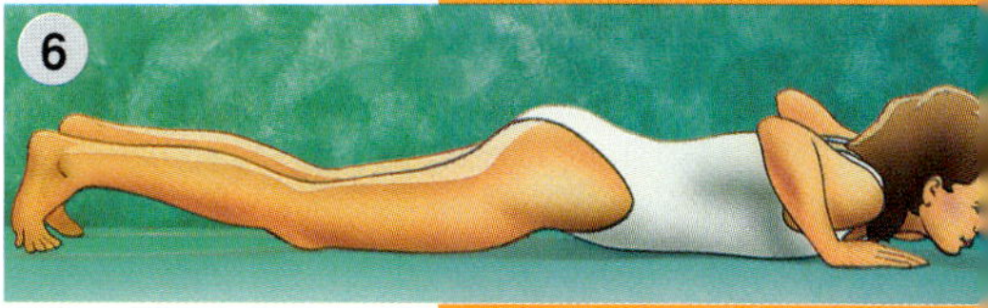

Beim Ausatmen mit den Knien langsam den Boden berühren, den Körper in gestreckter Haltung absenken, bis Brust und Kinn ebenfalls auf dem Boden aufkommen. Bei dieser Stellung sind acht Punkte des Körpers, nämlich Kinn, Brust, Hände, Knie und Fußspitzen, in Kontakt mit dem Boden.

Siebte Stellung: Die Kobrastellung

Beim Einatmen den Brustkorb dehnen und mit den auf den Boden gepressten Händen Kopf und Körper nach oben drücken, dabei das Becken auf dem Boden lassen; den Kopf während des Hochdrückens des Oberkörpers langsam hinter den Nacken beugen.

Achte Stellung: Die Bergstellung

Beim Ausatmen den Po nach oben drücken, die Füße stehen dabei fest auf dem Boden (siehe Stellung 5).

Neunte Stellung: Die Reiterstellung

Während des Einatmens das linke Bein nach vorne ziehen und anwinkeln, das rechte Bein nach hinten ausstrecken, mit dem Knie den Boden berühren (siehe Stellung 4).

Zehnte Stellung: Fuß fassen

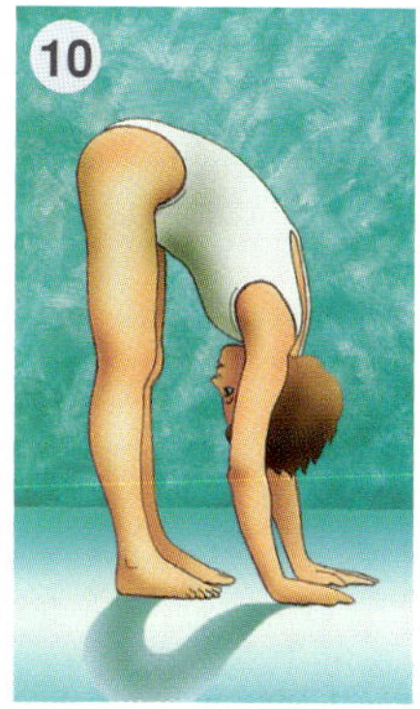

Beim Ausatmen das rechte Bein nach vorne nehmen, dabei den Po langsam nach oben bewegen, bis Beine und Wirbelsäule gestreckt sind. Wirbelsäule, Kopf und Arme bilden eine Linie (siehe Stellung 3).

Elfte Stellung: Arm heben

Beim Einatmen beide Arme gleichzeitig nach oben strecken; darauf achten, dass das Aufrichten nicht von Kopf oder Hals, sondern vom oberen Rücken und Becken initiiert werden, den Brustkorb dehnen, nach oben schauen, ruhig und gleichmäßig atmen (siehe Stellung 2).

Zwölfte Stellung: Die Ruhestellung

Ausatmen, die Arme sinken lassen, die Hände vor der Brust falten, beide Füße in Hüftbreite nebeneinander stellen und aufrecht stehen, beim Heben und Senken des Brustkorbs nach vorne schauen. Mit dieser Übung schließt sich der Sonnengruß-Zyklus.

Bevor Sie den Zyklus erneut starten, sollten Sie einige Augenblicke ruhig stehen.

Yoga

Bei Yoga handelt es sich sowohl um eine Wissenschaft als auch um praktische Anwendungen. Das oberste Ziel von Asanas (»eine bequeme Position einnehmen«) und Pranayama (Atemkontrolle) ist vollkommene Gesundheit. Außerdem gilt es, die innere Stärke zu fördern, um den alltäglichen Stresssituationen ruhig und gelassen entgegenwirken zu können.

Die Begründer des vor vielen tausend Jahren in Indien entwickelten Yoga waren Rishis und Maharishis, also große Heilige und Weise. Im Ayurveda wird dem Yoga eine große Bedeutung zugemessen. Das Wort Yoga wurde von der Sanskritwurzel »Yuga« abgeleitet, was so viel bedeutet wie »zusammenfinden« oder »vereinigen«.

Nach der ayurvedischen Lehre erreicht der Mensch durch Yoga-Übungen den Zustand der Ruhe und damit sein inneres Gleichgewicht. Yoga gehört zur Basis des Ayurveda.

Klassische Übungen

Im Ayurveda wird Yoga sowohl therapeutisch als auch zur Gesunderhaltung eingesetzt. Fünf wichtige Stellungen, Asanas genannt, möchten wir Ihnen hier vorstellen. Bitte vergessen Sie nicht, Ihren Körper mit diesen Übungen nicht zu überfordern. Machen Sie die Übungen langsam. Lassen Sie sich auch von einem erfahrenen Ayurveda-Therapeuten dazu beraten oder zu den Übungen anleiten.

- Der Lotus-Sitz
  Im Schneidersitz auf den Boden setzen, die Hände mit den Handflächen nach oben auf die Knie legen, ruhig und langsam atmen.

- **Kopf-auf-Knie-Stellung**

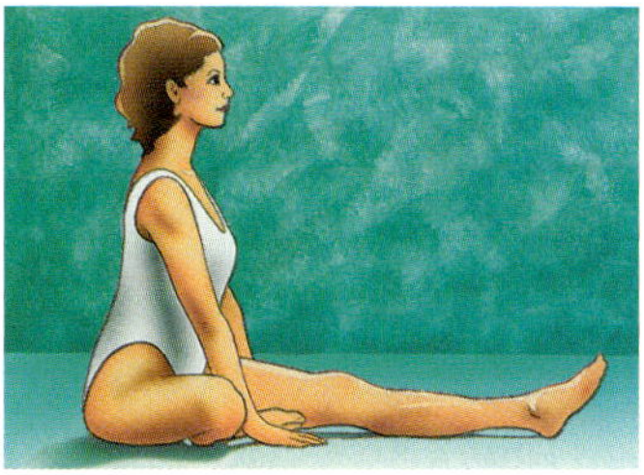

Aus dem Sitz mit gestreckten Beinen heraus das rechte Bein beugen. Legen Sie die Fußsohle des rechten Beines an die Oberschenkelinnenseite des gestreckten Beines.

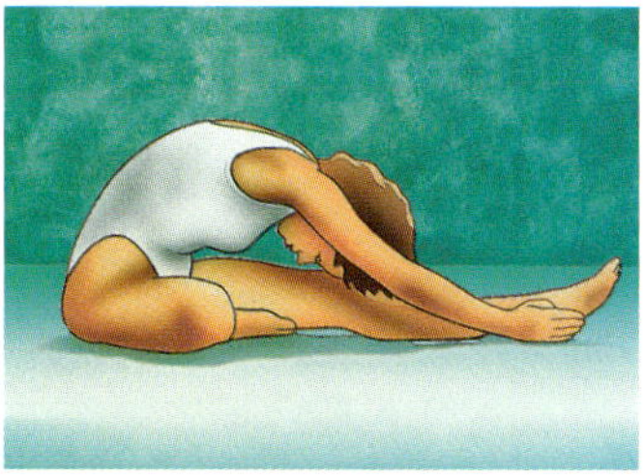

Nun strecken Sie während des Einatmens die Arme nach oben und beugen beim Ausatmen den Körper über das ausgestreckte Bein, bis die Stirn das Knie berührt. Wenn Ihnen dies schwerfällt, können Sie das gestreckte Knie etwas anwinkeln. Versuchen Sie, den Rücken gerade zu halten. Nach einigen Atemzügen verlassen Sie diese Stellung und führen sie zur anderen Seite hin aus.

- **Pflugstellung**

Legen Sie sich entspannt auf den Rücken, die Arme liegen seitlich neben dem Körper. Heben Sie die Beine an, führen Sie sie nach oben und dann hinter den Kopf. Die Zehenspitzen sollten den Boden berühren. Schieben Sie die Beine außerdem so weit nach hinten, bis Ihr Kinn Ihre Brust berührt.

Die Arme können Sie dann hinter dem Kopf kreuzen. Nach ungefähr einer Minute

Ein- und Ausatmen lösen Sie sich ausatmend aus dieser Position: Wirbel für Wirbel abrollen und flach auf den Boden legen. Entspannen.

- Bhujangasana (Kobrastellung)
  Siehe Seite 66. Mit dieser Yoga-Übung stärken Sie Rücken, Schultern und die inneren Bauchorgane.

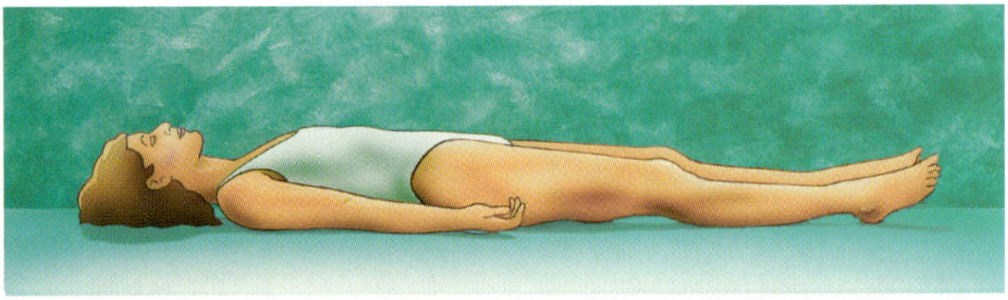

- Savasana (vollkommene Entspannung)
  Entspannt auf den Rücken legen, die Arme auf die Seite legen. Diese Yoga-Übung stellt die höchste Form der Entspannung von Körper und Geist dar.

Die Yoga-Atmung (Pranayama)

Um die Wirkung der Yoga-Übungen zu verstärken, sollte man anschließend einfache Atemübungen (Pranayama) durchführen. Die Yoga-Atmung verläuft über das Zwerchfell, nicht über den oberen Brustkorb. Daraus resultieren tiefe Atemzüge, die den Sauerstoff bis in den unteren Teil der Lunge transportieren.

Wie Yoga muss auch Pranayama äußerst sorgfältig durchgeführt werden. Wird es richtig angewendet, können durch Pranayama Krankheiten gelindert oder sogar geheilt werden. Durch unsachgemäße Anwendung erreicht man genau das Gegenteil. Deshalb sollte man sich bei Pranayama von einem Menschen, der damit Erfahrung hat, anleiten lassen.

Wir möchten Ihnen hier die Grundbegriffe der Pranayama-Übungen darstellen:

Transzendentale Meditation

Die transzendentale Meditation ermöglicht es, in tiefe Regionen des Bewusstseins vorzudringen. In der ayurvedischen Medizin wurden mit dieser Methode sehr gute Erfolge bei psychosomatischen Erkrankungen erzielt. Zwar lässt sich die transzendentale Meditation relativ leicht erlernen, doch nur unter der persönlichen Anleitung eines ausgebildeten Lehrers.

- Gerade und bequem auf einen Stuhl setzen, den Rücken nicht anlehnen, oder im Lotus-Sitz auf den Boden setzen.
- Die Augen schließen und einige Male tief aus- und einatmen. Entspannen!
- Den Daumen der rechten Hand an den rechten Nasenflügel legen und die rechte Nasenöffnung durch leichten Druck verschließen. Durch das linke Nasenloch langsam ausatmen, dann eine kurze Atempause einlegen.

- Durch das linke Nasenloch einatmen, dieses mit Mittel- und Ringfinger der rechten Hand verschließen, das rechte Nasenloch öffnen und durch dieses langsam ausatmen.

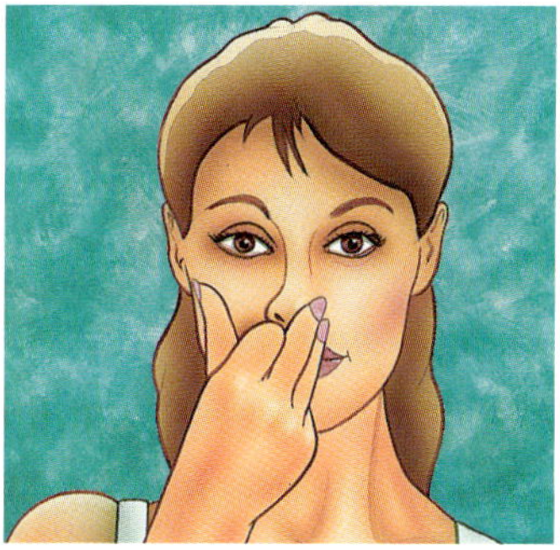

- Durch das rechte Nasenloch wieder einatmen. Dieses mit dem Daumen wieder verschließen, durch das linke Nasenloch ausatmen.

Wiederholen Sie diese Übung über einen Zeitraum von ungefähr fünf Minuten.

Beenden Sie die gesamte Übung durch Einatmen über das linke Nasenloch und Ausatmen durch beide Nasenlöcher.

Danach die Arme senken, die Augen schließen und ein bis zwei Minuten entspannt sitzen bleiben.

Sollte es Ihnen während der Atemübung schwindlig werden, legen Sie eine Pause ein und beginnen Sie dann erneut mit der Übung.

DIE AYURVEDISCHE ERNÄHRUNG

Wie alle Vorgaben im Ayurveda gelten auch ayurvedische Ernährungsempfehlungen nicht für alle gleichermaßen. Was dem einen gut bekommt, kann für den anderen das wahre Gift bedeuten. So kann es selbst bei zwei Menschen desselben Konstitutionstyps passieren, dass sie die gleichen Nahrungsmittel nicht gleich gut vertragen. Der Grund hierfür liegt in der unterschiedlichen Verteilung der drei Doshas. Besprechen Sie Ihre Ernährung mit einem erfahrenen Ayurveda-Arzt. Wenn Sie neue Nahrungsmittel in Ihren Ernährungsplan aufnehmen, sollten Sie diese erst in kleinen Mengen testen.

Nach der ayurvedischen Lehre – und nicht nur nach ihr – ist die richtige Ernährung ein Grundpfeiler der allgemeinen Gesundheit. Auch in der westlichen Welt spielt das Essen eine große Rolle, doch nur selten nehmen wir uns wirklich einmal Zeit, um in aller Ruhe und in entspannter Atmosphäre zu essen. Meistens sieht es ja ganz anders aus: Schnell ein Happen zwischendurch, schnell eine Tasse Kaffee neben der Arbeit, und mittags schnell zum Imbiss um die Ecke, um im Stehen eine Currywurst oder einen Hamburger zu essen. Sozusagen aus schlechtem Gewissen versuchen wir dann, durch Vitamin- und Mineralstofftabletten das durch unsere ungesunde und hektische Ernährungsweise entstandene Vitalstoffdefizit auszugleichen. Die ayurvedische Lehre zeigt uns, wie einfach es ist, sich gesund und vernünftig zu ernähren, ohne sich dabei einer strengen Diät unterwerfen zu müssen.

Der Geschmack entscheidet

Im Gegensatz zu unserer abendländischen Kultur, die die Nahrungsmittel in Fett, Kohlenhydrate, Eiweiß, Mineralien, Spurenelemente und Vitamine einteilt, richtet sich die Ernährung im Ayurveda nach einem ganz einfachen Prinzip, nach unserem subjektiven Geschmack. Laut der ayurvedischen Lehre weiß unser Körper, was für ihn gut ist. Ähnlich wie der Organismus Temperatur, Stoffwechsel, Blutdruck, Hormone und das Nervensystem reguliert, ist er auch in der Lage, uns seine Bedürfnisse zu signalisieren.

Jeder von uns kennt wohl das Gefühl, wenn der Körper nach einer bestimmten Nahrung verlangt. Beispielsweise bekommt man Lust auf Saures, wenn man zu viel Süßes gegessen hat. Und mit dem Durst nach einer alkoholreichen Nacht signalisiert der Körper, dass er die Giftstoffe ausschwemmen möchte und dazu Wasser benötigt.

Die Sinne mit einbeziehen

Im Ayurveda stellt jedes Essen ein Fest für alle Sinne dar. Kalorien- oder Nährwerttabellen spielen hier bei weitem nicht die Rolle wie bei uns. Die ayurvedische Ernährungsweise richtet sich nach unseren fünf Sinnen, hauptsächlich nach dem Geschmack. Anders ausgedrückt: Fette, Vitamine, Mineralien, Spurenelemente, Eiweiß und Kohlenhydrate können wir weder sehen noch schmecken. Wir nehmen sie nicht wahr. Beißt man beispielsweise in einen Apfel, der nach unserer westlichen Ernährungswissenschaft als sehr gesund

einzustufen ist, schmecken wir nur sein für ihn typisches Aroma. Wir können sagen, ob uns der Apfel schmeckt oder nicht.

Und seien wir ehrlich: Unseren Speiseplan setzen wir eigentlich nicht nach den neuesten wissenschaftlichen Erkenntnissen zusammen, sondern eher nach unseren Vorlieben und Abneigungen.

Genau hier setzt Ayurveda an. Wir sollen auf unseren Körper hören und das Essen mit allen Sinnen genießen. Um aber die im Ayurveda geltenden Ernährungsregeln, die auf die einzelnen Konstitutionstypen bezogen sind, einzuhalten, ist eine Ernährungsumstellung notwendig. Natürlich können Sie Ihre über lange Zeit erworbenen Ernährungsgewohnheiten – sei es die Currywurst mittags am Imbissstand um die Ecke oder die zwei Tassen Kaffee am Morgen – nicht einfach von heute auf morgen ablegen. Versuchen Sie es langsam. Üben Sie sich in Geduld. Reduzieren Sie die Menge der nach dem Ayurveda nicht geeigneten Nahrungsmittel langsam. Verringern Sie beispielsweise Ihren Kaffeegenuss von zwei auf eine Tasse. Verdünnen Sie diese eine Tasse mit viel Milch und Wasser, und bald werden Sie feststellen, dass Sie ganz auf Kaffee verzichten können.

Ähnlich sollte man hinsichtlich des Fleischkonsums verfahren. Zwar empfiehlt der Ayurveda eine vegetarische, also fleischlose Kost, doch kennt man im Ayurveda alle Fleischsorten und weiß, welche sich für den jeweiligen Konstitutionstyp eignen. Versuchen Sie Ihren Fleischverzehr langsam einzuschränken. Essen Sie statt Rind-, Schweine- oder Kalbfleisch öfter Geflügel oder Fisch.

Die ayurvedischen Ernährungsregeln

- Nehmen Sie sich Zeit zum Essen. Konzentrieren Sie sich auf Ihre Mahlzeit. Unterhalten Sie sich während des Essens nicht zu viel.
- Nehmen Sie die Mahlzeiten in einer entspannten Atmosphäre ein.
- Vermeiden Sie hektisches Essen oder das Essen im Stehen.
- Richten Sie Ihre Mahlzeiten appetitlich an, denn alle fünf Sinne essen mit.
- Sie sollten hinsichtlich der Essenszeiten einen bestimmten Rhythmus einhalten. Versuchen Sie, die Mahlzeiten möglichst immer zur gleichen Zeit einzunehmen.
- Nicht Ihr Appetit, sondern Ihr Hunger entscheidet darüber, ob Sie etwas essen sollten oder nicht. Nur wenn Sie wirklich Hunger verspüren und die letzte Mahlzeit zwischen drei und sechs Stunden zurückliegt, sollten Sie etwas essen.
- Nehmen Sie die Hauptmahlzeit um die Mittagszeit ein.
- Am Abend sollte nur leichte Kost auf Ihrem Speiseplan stehen. Da Nahrung nachts schlecht verdaut wird und somit den Kreislauf belastet, sollten Sie vor dem Zubettgehen nichts mehr essen.
- Am besten trinken Sie zu den Mahlzeiten heißes Wasser. Auch Saft und Kräutertee sind erlaubt.
  Milch sollten Sie dagegen nicht zu den Mahlzeiten trinken, sondern nur, ohne etwas dabei zu essen.
- Achten Sie darauf, dass das Essen warm ist. Das erleichtert die Verdauung. Kalte Nahrung und Getränke beeinträchtigen Agni.
- Verzichten Sie ganz auf Alkohol, Kaffee, kohlensäurehaltige Getränke und Schokolade.

Die Ernährungswissenschaft hat mittlerweile erkannt, dass Hungerkuren oder Blitzdiäten nicht gesund und zum dauerhaften Abnehmen nicht geeignet sind. Statt tagelang zu fasten, sollten Sie daher besser nur einen Tag in der Woche zum Entschlacken nutzen, indem Sie ausschließlich flüssige Nahrung, zum Beispiel warmes Wasser, Suppen oder Tees, zu sich nehmen.

- Da Sauermilchprodukte, Rohkost und tierisches Eiweiß schwer verdaulich sind, sollten Sie solche Lebensmittel abends von Ihrem Speiseplan streichen.
- Nehmen Sie ölige Speisen zu sich, das heißt, geben zu Ihren Speisen Butter oder Ghee (siehe Seite 54). Dadurch werden die Verdauung gefördert und das Aussehen verbessert.
- Achten Sie darauf, dass Sie nur Speisen essen, die auch wirklich zusammenpassen. Meiden Sie folgende Kombinationen: Honig – heißes Wasser, Milch – Fisch, Milch – Knoblauch.
- Essen Sie nur so viel, dass Ihr Magen zu zwei Dritteln gefüllt ist, und zwar ein Drittel Nahrung, ein Drittel Flüssigkeit. Das letzte Drittel ist Luft.
- Ruhen Sie sich nach dem Essen ein paar Augenblicke aus, bevor Sie wieder an Ihre Arbeit gehen.
- Nehmen Sie, wenn möglich, die Speisen frisch zu sich, meiden Sie Aufgewärmtes.

- Bevorzugen Sie Nahrungsmittel aus Ihrer Heimat. Essen Sie sie dann, wenn sie auf dem Markt angeboten werden.
- Vertrauen Sie den Bedürfnissen Ihres Körpers. Ihr Appetit auf bestimmte Gerichte spiegelt die Bedürfnisse Ihres Körpers wider.

Die sechs Geschmacksrichtungen (Rasas)

Der Geschmack spielt in der ayurvedischen Ernährungsweise eine zentrale Rolle. Im Ayurveda kennt man sechs verschiedene Geschmacksrichtungen, nämlich Süß, Salzig, Sauer, Scharf, Bitter und Herb (Zusammenziehend). Ideal ist es, wenn jede Mahlzeit alle sechs Geschmacksrichtungen, also alle sechs Rasas, enthält. Diese Zusammensetzung wirkt sich positiv auf das Gleichgewicht der drei Doshas Vata, Pitta und Kapha aus.

Süß

Wir verbinden die Geschmacksrichtung Süß meist spontan mit Zucker. Doch auch Obst oder Getreide können süß schmecken. Süße Nahrungsmittel stimulieren die Bauchspeicheldrüse. Zu den süßen Nahrungsmitteln gehören im Ayurveda: verschiedene Getreidesorten wie zum Beispiel Gerste, Hafer, Roggen, Weizen; Obst (Bananen, Birnen, Feigen, Orangen, Weintrauben etc.); unterschiedliche Gemüsesorten, zum Beispiel Erbsen, Gurken, Kohl, Linsen, Zwiebeln; süße Milchprodukte; Rizinus-, Oliven-, Sesam- und Sonnenblumenkernöl; Nüsse wie Hasel-, Erd-, Kokos- und Walnüsse; Butter, Ghee; Kartoffeln, Reis; Fleisch; Honig und Zucker.

Salzig

Salz regt den Appetit an und beeinflusst den Wasserhaushalt. Zu dieser Geschmacksgruppe zählen Salze wie Erd-, Meer- und Steinsalz. Der Ayurveda empfiehlt zum Würzen der Speisen Steinsalz.

Bitter

Bittere Lebensmittel regen die Leber- und Gallenfunktion an. Sie wirken reinigend. Zu den bitteren Nahrungsmitteln gehören Salate wie grüner Salat, Löwenzahn, Radicchio, Rucola; grünes Blattgemüse wie zum Beispiel Mangold, Rosenkohl, Spinat; bestimmte Kräuter wie Ampfer, Brennnessel, gelber Enzian etc.; Rhabarber.

Sauer

Saure Lebensmittel stimulieren die Speichelsekretion und regen die Funktion der Magendrüsen an. Zu den sauren Nahrungsmitteln zählen bestimmte Milchprodukte (Buttermilch, Joghurt, Käse, Kefir); Obst und Früchte wie Granatäpfel, Sauerkirschen, Zitronen; Essig.

Scharf

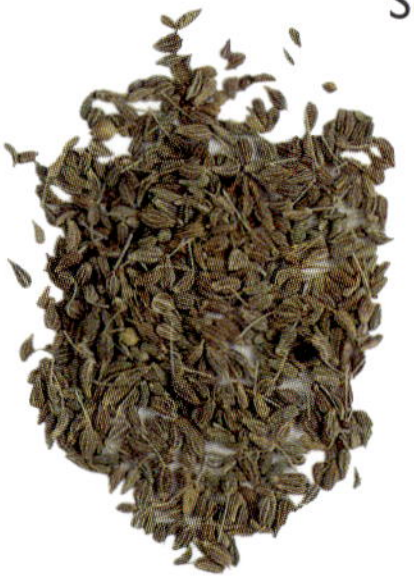

Scharf gewürzte Lebensmittel stimulieren den Stoffwechsel. Sie erzeugen Körperwärme und wirken reinigend. Scharfe Gewürze sind Pfeffer, Basilikum, Kümmel, Majoran, Muskatnuss, Oregano, Rosmarin und Thymian. Auch

Dill, Ingwer, Kamille, Paprika, Petersilie und Rettich gehören zu den scharfen Lebensmitteln.

Herb (Zusammenziehend)

Zu den Nahrungsmitteln mit dieser für uns ungewohnten Geschmacksrichtung gehören im Ayurveda Hülsenfrüchte (Bohnen, grüne Erbsen, Kichererbsen, Mungbohnen, Linsen), bestimmte Gemüsesorten (Chicorée, Auberginen, Blumenkohl, Brokkoli, Fenchel, Spargel, Stangensellerie, Wirsing) und Obst (Äpfel, Birnen).

Die drei Eigenschaftenpaare

Außer den sechs Geschmacksrichtungen wird die Verträglichkeit der Mahlzeiten – und damit auch die Wirkung auf die drei Doshas – durch sechs Eigenschaften definiert, die gegensätzliche Paare bilden.

Schwer – Leicht

Zu den schweren Nahrungsmitteln gehören beispielsweise Weizen, Rindfleisch und Käse. Als leichte Nahrungsmittel gelten zum Beispiel Gerste, Hühner- oder Putenfleisch und Magermilch.

Ölig – Trocken

Trockene Lebensmittel sind Honig, Linsen und Kohl. Als ölige Lebensmittel werden Milch, Sojabohnen und die Kokosnuss bezeichnet.

Heiß – Kalt

Heiße Lebensmittel, also solche, die den Körper erhitzen, sind Pfefferminze, Honig und Eier. Kalte Nahrungsmittel – sie kühlen den Körper – sind Minze, Zucker und Milch.

Für jeden Konstitutionstyp die richtige Ernährung

Alles, was wir schmecken oder riechen, bewirkt im Körper bestimmte Schwingungen, die ausgleichend oder störend auf Vata, Pitta und Kapha wirken. Nach der ayurvedischen Lehre ist es ideal, wenn jede Mahlzeit alle sechs Rasas enthält, das gleicht die Tridoshas am besten aus.

Für ausgeglichene Doshas bedarf es nach der ayurvedischen Lehre einer ausgewogenen Ernährung, das heißt, alle sechs Geschmacksrichtungen sollten in den Mahlzeiten enthalten sein. Ebenso müssen die drei Eigenschaftenpaare berücksichtigt werden.

Durch die Auswahl der entsprechenden Nahrungsmittel können Sie die energetische Kraft Ihres Hauptdoshas reduzieren und die beiden anderen – untergeordneten – Doshas stärken. Dadurch bleiben Vata, Pitta und Kapha im Gleichgewicht.

Nach dem ayurvedischen Ernährungsprinzip sollte sich jeder Mensch entsprechend seinem Konstitutionstyp und der Jahreszeit ernähren. Wir möchten Ihnen auf den nächsten Seiten eine für den jeweiligen Dosha-Typ geeignete Ernährung vorstellen.

Beachten Sie jedoch bitte, dass es sich hier lediglich um Empfehlungen, um Orientierungshilfen handelt. Detaillierte Informationen erhalten Sie in den Ayurveda-Zentren und bei erfahrenen Ayurveda-Ärzten. Dort wird man Ihnen auch einen speziell auf Sie zugeschnittenen Ernährungsplan ausarbeiten.

Der Vata-Typ

Das dominante Element des Vata-Typs ist Luft mit den Eigenschaften Leicht, Kalt, Trocken, Rau, Klar und Sprunghaft. Ausgeglichen werden diese Eigenschaften durch schwere, ölige und warme Speisen. So dämpfen beispielsweise Suppen oder Gemüseeintöpfe dieses Dosha, ebenso frisches Brot, Nudeln, Reis oder warme Milch. Angeregt wird das Vata-Dosha dagegen durch kalte Mahlzeiten wie Salate oder Getränke und rohes Gemüse. Bevorzugen Sie als Vata-Typ Speisen, die salzig, sauer und süß schmecken. Als Vata-Mensch sollten Sie auf regelmäßige Mahlzeiten in einer entspannten Atmosphäre achten.

Für den Vata-Typ geeignete Nahrungsmittel sind:

Eier: gekochte Eier oder Rührei.

Fleisch: Geflügel, Fisch.

Gemüse: Gurken, grüne Bohnen, Knoblauch, Möhren, Okra, Rote Bete, Spargel, Süßkartoffeln, weißer Rettich, Zwiebeln (aber nicht roh). In nicht zu großen Mengen eignen sich auch Erbsen, Kartoffeln, Sellerie, Spinat, Tomaten und Zucchini. Das Gemüse kochen und etwas Ghee dazugeben.

Getreide: Basmati-Reis, Weizen.

Hülsenfrüchte: Kichererbsen, Mungbohnen, rote Linsen.

Kräuter, Gewürze: Anis, Basilikum, Estragon, Fenchel, grüner Koriander, Ingwer, Kardamom, Kreuzkümmel, Küm-

mel, Lorbeer, Majoran, Muskatblüte, Nelken, Oregano, Salbei, schwarzer Pfeffer, Senf, Süßholz, Thymian, Wacholder, Zimt.

Milchprodukte: vor allem Butter, Frischkäse, Ghee, Joghurt, Milch, Sahne.

Nüsse, Samen: Alle Nuss- und Samensorten eignen sich.

Obst: Ananas, Aprikosen, Avocados, Bananen, Beeren, frische Feigen, Grapefruit, Honigmelonen, Mangos, Nektarinen, Papayas, Pfirsiche, Pflaumen, Orangen, Trauben, Zitronen. Das Obst sollte süß und reif sein.

Öle: Alle Speiseöle eignen sich.

Süßungsmittel: Ahornsirup, Honig, Zuckerrohrprodukte.

Nicht für den Vata-Typ geeignete Nahrungsmittel sind:

Fleisch: Rind- und Schweinefleisch.

Gemüse: Auberginen, Blumenkohl, Brokkoli, Paprika, Pilze, Rosenkohl, Rotkohl, Sprossen, Weißkohl. Meiden Sie rohes Gemüse und Salate.

Getreide: Buchweizen, Gerste, Hafer (ungekocht), Hirse, Mais, Roggen.

Hülsenfrüchte: alle, außer den oben erwähnten.

Obst: Birnen, Granatäpfel, Preiselbeeren, Trockenfrüchte, unreife Bananen.

Süßungsmittel: Honig und weißer Zucker in großen Mengen.

Der Pitta-Typ

Der Pitta-Typ wird durch die Elemente Feuer und Wasser bestimmt, die Qualitäten sind Leicht, Heiß, Ölig, Scharf, Flüssig und

Sauer. Pitta-Menschen essen sehr gerne. Sie bevorzugen süße, bittere und herbe Gerichte. Vor allem im Sommer haben sie einen nahezu unstillbaren Durst. Das Pitta-Dosha kann durch kühle, reichhaltige Speisen und Getränke gedämpft werden. Meiden Sie als Pitta-Typ vor allem in den Sommermonaten Salz, stark gewürzte Speisen und Öl. Essen Sie viel Salat. Achten Sie darauf, dass Sie die Mahlzeiten regelmäßig einnehmen.

Für den Pitta-Typ geeignete Nahrungsmittel sind:

Eier: Eiweiß.

Fleisch: Fasan, Geflügel, Hase, Wild.

Gemüse: Gurken, grüne Bohnen, grünes Blattgemüse, grüner Salat, Chicorée, Kartoffeln, Okra, Paprika, Pilze, Rosenkohl, Rotkohl, Spargel, Sprossen, Stangensellerie, Weißkohl, Zucchini.

Getreide: Gerste, Hafer, weißer Reis (Basmati-Reis), Weizen.

Hülsenfrüchte: frische Erbsen, grüne Bohnen, Kichererbsen, Mungbohnen, Sojaprodukte (Tofu)

Kräuter, Gewürze: nur in geringen Mengen: Dill, Fenchel, Gelbwurz (Kurkuma), grüner Koriander, Ingwer, Kardamom, Minze, Safran, schwarzer Pfeffer, Zimt.

Milchprodukte: Butter (ungesalzen), Eis, Ghee, Hüttenkäse, Milch

Nüsse, Samen: Kokosnüsse, Kürbissamen, Sonnenblumenkerne.

Obst: Äpfel, Ananas, Avocados, Birnen, Feigen, Kokosnüsse, Mangos, Melonen, Orangen,

Pflaumen, Rosinen, Trauben, Trockenpflaumen. Das Obst sollte süß und reif sein.

Öle, Fette: Kokosnuss-, Oliven-, Soja-, Sonnenblumenöl, Ghee.

Süßungsmittel: alle Süßungsmittel mit Ausnahme von Honig und Melasse.

Nicht für den Pitta-Typ geeignete Nahrungsmittel sind:

Eier: Eidotter.

Fleisch: Rind- und Schweinefleisch, Meeresfrüchte.

Gemüse: Auberginen, Möhren, Radieschen, Rettich, Rote Bete, scharfe Paprika, Spinat, Tomaten.

Getreide: brauner Reis, Buchweizen, Hirse, Mais, Roggen.

Gewürze: Anis, Cayennepfeffer, Chili, Essig, Ketchup, Knoblauch, Kümmel, Nelken, Pfeffer, Salz, Senfkörner, Zwiebeln.

Hülsenfrüchte: Linsen, rote Linsen.

Milchprodukte: alle Sauermilchprodukte.

Nüsse, Samen: Cashewnüsse, Sesamsamen.

Obst: alle sauren Früchte.

Süßungsmittel: Honig und Melasse.

Der Kapha-Typ

Die Elemente von Kapha sind Wasser und Erde. Seine Qualitäten sind demzufolge Schwer, Kalt, Ölig, Langsam, Schleimig, Dicht, Weich, Statisch und Süß. Kapha-Menschen verfügen meist über einen kräftigen Appetit. Sie bevorzugen bittere und scharfe Geschmacksrichtungen. Das Kapha-Dosha wird durch kaltes, schweres und fettes Essen gestärkt. Das bedeutet, dass Sie ölige Lebensmittel meiden sollten. Verzichten Sie auf Zwischenmahlzeiten sowie auf kalte, schwere und reichhaltige Mahlzeiten. Auch

Süßes, Saures und Salziges sollte nicht auf Ihrem Speiseplan stehen. Geben Sie stattdessen warmen Speisen und Getränken den Vorzug. Essen Sie scharfe und herbe Speisen. Die Mahlzeiten sollten leicht und trocken sein.

Für den Kapha-Typ geeignete Nahrungsmittel sind:

Eier: Rührei.

Fleisch: Garnelen, Geflügel, Wild.

Gemüse: nahezu alle Gemüsesorten – Auberginen, Blattsalate, Blumenkohl, Brokkoli, Chicorée, Fenchel, grüne Bohnen, grünes Blattgemüse, Kartoffeln, Knoblauch, Möhren, Okra, Paprika, Petersilie, Pilze, Radieschen, Rettich, Rosenkohl, Rote Bete, Rosenkohl, Rotkohl, Spargel, Sprossen, Stangensellerie, Weißkohl, Zwiebeln

Getreide: Buchweizen, Gerste, Mais, Hirse, etwas weißer Reis (Basmati-Reis).

Hülsenfrüchte: alle Hülsenfrüchte mit Ausnahme von weißen und schwarzen Bohnen sowie Sojaprodukten.

Kräuter, Gewürze: alle Gewürze außer Salz, sehr geeignet sind Gelbwurz (Kurkuma), Ingwer, Kardamom, Koriander, Nelken, schwarzer Pfeffer, Zimt.

Milchprodukte: Buttermilch, fettarme Milch, Ghee (wenig), Vollmilch.

Nüsse, Samen: Kürbissamen, Sonnenblumenkerne.

Obst: Äpfel, Birnen, Datteln, Feigen, Guavas, Granatäpfel, Preiselbeeren, Trockenfrüchte.

Öle, Fette: Ghee, Distel-, Maiskeim-, Mandel-, Sonnenblumenöl (alles in kleinen Mengen).

Süßungsmittel: Honig.

Nicht für den Kapha-Typ geeignete Nahrungsmittel sind:

Fleisch: Lamm-, Rind- und Schweinefleisch, Meeresfrüchte.

Gemüse: Gurken, Kürbis, Süßkartoffeln, Tomaten, Zucchini.

Getreide: brauner Reis, Hafer, weißer Reis oder Weizen (in großen Mengen).

Gewürze: Salz.

Hülsenfrüchte: Sojaprodukte, weiße und schwarze Bohnen.

Milchprodukte: Dickmilch, Ghee, Joghurt, Käse, Quark, Sahne, Sauermilch, Vollmilch.

Nüsse, Samen: alle Nüsse.

Obst: Avocados, Bananen, süße Melonen, süße Trauben.

Süßungsmittel: Melasse, Sirup, Zucker.

Die Wirkung der Rasas und der Eigenschaften auf die drei Doshas

Im Ayurveda gilt die Regel einer ausgewogenen Ernährung. Das bedeutet, dass sich möglichst alle sechs Rasas (siehe Seite 77 ff.)

in einer Mahlzeit vereinen, und dass bei der Speisezubereitung und beim Essen auf die sechs Eigenschaften (siehe Seite 79 f.) geachtet werden soll. Die Geschmacksrichtungen und die Eigenschaften wirken auf jedes Dosha anders. Durch entsprechende Nahrungsmittel können Sie Vata, Pitta und Kapha ausgleichen und dauerhaft stabilisieren.

Die Rasas und die Eigenschaften wirken auf die Tridoshas wie folgt:

- Vata
  Anregend wirken die Rasas Scharf, Bitter und Herb sowie die Eigenschaften Leicht, Trocken und Kalt.
  Beruhigend sind die Geschmacksrichtungen Süß, Sauer und Salzig sowie die Eigenschaften Schwer, Ölig und Heiß.

- Pitta
  Anregend wirken die Geschmacksrichtungen Scharf, Sauer und Salzig sowie die Eigenschaften Heiß, Leicht und Ölig.
  Beruhigend sind die Rasas Süß, Bitter und Herb sowie die Eigenschaften Kalt, Schwer und Trocken.

- Kapha
  Anregend sind Süß, Sauer und Salzig sowie die Eigenschaften Schwer, Ölig und Kalt.
  Beruhigende Geschmacksrichtungen sind Scharf, Bitter und Herb sowie die Eigenschaften Leicht, Trocken und Heiß.

ANHANG

GLOSSAR

Abhyanga
»liebende Hände«; entspannende und beruhigende Ganzkörpermassage, die von zwei Ayurveda-Therapeuten gleichzeitig durchgeführt wird

Agni
Feuer; eines der ➢ Mahabhutas. Die ayurvedische Lehre bezeichnet mit Agni außerdem die Faktoren, die im Rahmen von Verdauung und Stoffwechsel eine Rolle spielen.

Ahara
Ernährung

Ama
nicht verdaute Nahrung

Asanas
verschiedene Yoga-Positionen

Bheda
das letzte Stadium des ➢ Kriyakala

Brahma
Schöpfer des Universums in der hinduistischen Mythologie und damit der ursprüngliche Begründer des Ayurveda

Dhatus
die sieben Körpergewebe

Dinacharya
Tagesrhythmus

Doshas
die drei Lebensenergien des menschlichen Körpers Vata, Pitta, Kapha

Gandhusa
Mundspülung mit Sesamöl zur Stärkung des Zahnfleisches und der Widerstandskraft gegen Krankheitserreger

Ghee
Butterschmalz; gekochte, dabei entwässerte Butter

Gunas
die drei funktionalen Qualitäten des Geistes; ➢ Rajas, ➢ Sattva, ➢ Tamas

Kapha
eines der drei Doshas (Wasser und Erde)

Karma
»Tat«; das durch gute wie böse Taten bedingte Schicksal im gegenwärtigen Leben und in zukünftigen Wiedergeburten

Kriyakala
bezeichnet die sechs Phasen einer Krankheitsentwicklung

Mahabhutas
die fünf ewigen Elemente; Äther bzw. Raum, Luft, Feuer, Wasser und Erde

Malas
Abfallprodukte; die wichtigsten sind Stuhl, Urin und Schweiß

Mutra
Urin; eines der ➢ Malas

Panchakarma
fünffache Reinigungstherapie

Pitta
eines der drei Doshas (Feuer)

Pizzichil
»königliche Therapie«; Ganzkörper-Ölmassage kombiniert mit einer Wärmebehandlung

Pranayama
»Beherrschung des Atems«; Atemübungen des Yoga

Purisha
Kot; eines der ➢ Malas

Rajas
Aktivität; eines der drei ➢ Gunas

Rasas
die sechs Geschmacksrichtungen Süß, Salzig, Sauer, Scharf, Bitter und Herb bzw. Zusammenziehend

Ritucharya
jahreszeitlicher Rhythmus

Sattva
Innere Stille; eines der drei ➢ Gunas

Suryananmaskar
»Sonnengruß«; aus zwölf Stellungen bestehende Yoga-Übung

Sweda
Schweiß; eines der ➣ Malas

Swedana
Schwitztherapie

Tamas
Passivität; eines der drei ➣ Gunas

Tridoshas
die drei Lebensenergien des menschlichen Körpers Vata, Pitta, Kapha

Vata
eines der Doshas (Äther und Luft)

Veden
die vier göttlichen Bücher des Wissens im Hinduismus

Zur Aussprache der Sanskrit-Wörter

Mit Sanskrit bezeichnet man die alte indische Hochsprache, es bedeutet »vervollständigt« oder »zusammengesetzt«. Üblich ist, die Sanskrit-Wörter englisch-phonetisch auszusprechen.
Die Vokale werden wie im Deutschen ausgesprochen, jedoch sind a, i, u immer kurze Vokale und e, o lange Vokale. Die Betonung erfolgt nach der Quantität der vorletzten Silbe. Ist diese lang, so hat sie den Akzent, ist sie kurz, so liegt der Ton auf der drittletzten Silbe.

- y wird wie j ausgesprochen
- sh wird wie sch ausgesprochen
- v wird wie w ausgesprochen
- ch wird wie tsch ausgesprochen
- j wird wie dsch ausgesprochen
- h wird wie h ausgesprochen, mit einem leisen Nachklang des vorangehenden Vokals

WICHTIGE ADRESSEN

Maharishi Ayur-Veda Gesundheits- und Seminarzentrum
Am Robert-Kampe-Sprudel
56130 Bad Ems

Parkschlösschen Bad Wildstein
Wildbadstraße 201
56841 Traben-Trarbach

Deutsche Gesellschaft für Ayurveda e. V.
Wildbadstraße 201
56841 Traben-Trarbach
(Dort erhalten Sie Listen mit den in Ayurveda ausgebildeten Ärzten und Heilpraktikern.)

Hauptzentrum für Transzendentale Meditation und Ayurveda
Tempelhofer Ufer 23
10963 Berlin

Maharishi Ayur-Veda Gesundheitszentrum
Rothenbaumchaussee 26
20148 Hamburg

Transzendentale Meditation – Lehrinstitut und Ayurveda-Beratung
Archenholzstraße 12
22117 Hamburg

Maharishi Ayur-Veda Gesundheitszentrum Elsen
Raiffeisenstraße 6
33106 Paderborn

Veda-Lehrinstitut
Unterer Hardthof 29
35398 Gießen

Maharishi Ayurveda Info
Gustav-Hegler-Ring 37
44652 Herne

Maharishi Ayur-Veda Gesundheitszentrum
Am Berg 11
49143 Bissendorf

Maharishi Ayur-Veda Gesundheitszentrum
Wilhelm-Busch-Straße 1
49661 Cloppenburg

ADRESSEN

Mahindra-Institut für Ganzheitliche Gesundheit
Forsthausstraße 6
63633 Birstein-Obersotzbach

Gesellschaft für Ayurveda und Transzendentale Meditation
Eibenweg 20
70839 Gerlingen

Maharishi Ayur-Ved
Am Starnberger See GmbH
Hindenburgstraße 21
82343 Pöcking

Maharishi Ayur-Ved Gesundheitszentrum
Hans-Sachs-Straße 9b
93049 Regensburg

REGISTER

REGISTER